KB209728

IB로 그리는
개념기반 탐구학습

Concept-based Inquiry Practiced in IB Education

조현영 · 최화영 · 송슬기 · 박영주 · 김빛나 공저

학지사

이 저서는 인하대학교의 지원에 의하여 연구되었음.
This work was supported by INHA UNIVERSITY Research Grant.

머리말

　개념 학습과 탐구학습, 최근 국내의 교육 현장에서는 결코 새롭지 않은 이 두 단어를 가지고 수업과 혁신을 이야기하고 있다. 사실 오랫동안 우리의 교육 현장에서 '개념'이라는 단어는 지식의 결정체를 의미하는 단어로 사용되어 왔다. '탐구' 역시 대표적인 지적 활동을 의미했다. 그런데 최근 현장의 수업과 평가 혁신을 주도하는 키워드로 익숙한 이 두 단어가 주목받게 된 것은 무엇 때문일까? 우리 현장은 2015 개정 교육과정에서부터 2022 개정 교육과정에 이르기까지 역량 함양을 위한 교육, 과정중심평가, 학생 참여형 학습 등 학습자 중심의 깊이 있는 학습에 대한 다양한 방안을 마련하기 위해 고심해 왔다. 이와 함께 또 다른 시도로서 공교육에서의 IB에 대한 관심도 높아지기 시작하였다. 이러한 변화의 중심에 개념과 탐구, 이 두 단어가 우리의 교육 현장에서 수업과 평가의 혁신을 주도할 두 단어로 주목받기 시작한 것이다.

　저자들은 오랜 시간 학습에 대한 이론적 연구와 현장 연구를 진행해 왔던 하나의 연구 공동체의 구성원들이다. 이들은 지속적으로 학습자의 진정성 있는 학습과 이를 위한 학습 설계 원리에 대해 고민해 왔다. 특히 학습에서의 사회 구성주의적 특성으로서 상황학습에 큰 관심을 갖고 있는 연구자들이다. 지금까지 실천공동체에서의 학습, 학습과학으로서 학습자 경험 분석과 활동 시스템에 대한 분석 등 학습에 대한 나름의 방향성을 갖고 연구를 진행해 왔으며 저자들은 모두 대학에서, 초·중·고 현장에서 각자의 고민과 관심 속에서 위기에 처한 학교 교육의 실마리를 찾고 있었다. 저자들의 관심은 각자가 처한 환경에 따라 조금씩 달랐지만 교육의 본질과 그 방법에 대한 고민이라는 점에서 방향성은 동일했다.

저자들의 관심의 시작은 IB가 아니었다. IB에 대한 연구의 시작은 국내의 과정중심평가에 대한 연구에서부터였다. 당시 국내 교육과정 연구에서 과정중심의 수업과 평가에 대한 이론적 논의부터 구체적 방법에 이르기까지 현장에서는 학습자의 과정중심 학습에 관심이 집중되어 있었다. 당시 과정중심평가 연구와 IB 관련 연구를 함께 수행했던 저자들은 과정중심평가에 대한 성찰의 지점을 IB 사례를 통해 얻게 된다. 그렇게 시작된 IB 연구는 IB의 평가 방식과 우리 현장의 평가에 대한 비교 연구로 이어졌다. 과정을 평가하기 위한 IB의 평가 방식은 무엇일지, 그것은 과정 자체에 대한 평가가 아니라는 점, 그것은 너무나 당연하지만 우리의 평가 현실에서는 새로운 접근이었다. 이후 IB에 대한 관심은 점차 수업과 문화 전반의 시스템에 대한 원리를 파악하는 것으로 확장되었다. IB의 평가가 구현되기 위해 필요한 조건들을 탐색하는 과정에서는 너무나 자연스러운 흐름이었다. 평가는 교육과정, 수업과 연결되어 있었고, 그 중심에 '개념'을 설정하는 것은 지금껏 우리가 지향하던 학습자 중심의 학습을 구현하기 위해서는 매우 정합적인 조건이었다.

그뿐만 아니라, IB는 개념기반의 교육과정과 수업 설계를 뒷받침하기 위한 탐구의 조건들도 치밀하게 설계되어 있었다. 예컨대, '세계적 맥락'을 탐구에 반영한다거나, 교과 간 설계, 교과 외 중핵교육과정과 연계를 꿰는 방식들은 단순히 하나의 교육과정 혹은 수업 설계 원리로만 접근할 수 없는 학생의 경험 전체를 관통하는 통찰력의 결과라고까지 느껴졌다. 수업과 평가 맥락을 벗어난 학습자 생태계의 확장성과 역동성에 대한 이해가 없이는 설계가 어려운 복잡한 학습자 경험에 대한 이해와 그것을 적극적으로 설계에 반영하기 위한 노력들을 분석해 내는 것은 마치 우리의 연구 공동체가 그동안 고민해 왔던 여러 가지 학습에 대한 문제의식들이 IB를 도구 삼아 확증해 나가는 과정처럼 느껴질 정도였다. 마치 우리의 오랜 고민을 먼저 거쳐 간 이들의 뒤를 재빠르게 쫓아가는 마음으로 우리는 IB의 설계 원리를 탐색하고 그들의 고민이 우리의 어떤 고민들의 결과물일지 퍼즐을 맞추어 나가는 과정은 너무나 즐겁고 행복한 시간들이었다.

이러한 과정에서 여전히 IB도 해결하지 못한 고민들도 발견하게 되었으며, 또 IB 역시 새롭게 만나는 미래교육에 대한 고민들을 가지고 있다는 것을 발견할 수 있었다. AI 시대에서 IB의 고민은 무엇이며, 이를 위한 그들의 최근의 고민들을 함께 공유하는 과정들은 결코 IB 자체에 대한 연구나 관심이 아니다. 저자들에게 IB는 이제는 비가시적인 대상이 되었을 만큼 IB에 대한 연구와 분석은 교육의 본질에 대한 연구와 다름이 없다. IB의 설계 원리는 결코 IB의 전유물이 아니다. 인류가 인간의 삶과 성장을 위해 갖고 있는 고민과 노력의 산물임과 동시에 또 앞으로도 갖게 될 고민들을 고스란히 담고 있는 또 하나의 교육 현장일 뿐이다.

이 책은 이러한 고민의 과정 가운데 저자들의 관심에서 가장 중심에 있던 '개념탐구'라는 하나의 주제를 중심으로 엮어 낸 것이다. 이 책은 두 가지 측면에 주목하고자 한다. 하나는 개념탐구가 갖는 통념으로서 '지식에 대한 학습'에서 나아가 학습자의 자기 지식의 생성 과정으로서 학습자 성장의 관점으로의 접근, 또 다른 하나는 이러한 교육을 위한 학습 설계에서 초학문적 경험의 연계로서의 설계 원리에 대한 것이다. 물론 이 두 가지 모두 학습을 교수자의 관점에서 학습자의 관점으로 이동시키기 위한 논리의 다양한 해석일 뿐이다. 저자들은 이러한 두 가지 측면을 설명하기 위하여 IB의 수업과 평가, 중핵교육과정 전반에서의 설계적 특성들을 제시하고 그 의미를 밝히고자 하였다.

이 책의 각 장은 다음과 같은 문제의식에서 비롯된 것으로서 이를 작성한 의도와 맥락은 다음과 같다.

제1장은 개념 학습에 대한 기존의 통념, 지식에 대한 학습에서 어떻게 가치와 태도 문제로 개념 학습을 보아야 하는 것인지에 대한 패러다임 전환을 시도한 장이다. 지식의 원리로 이해되던 개념 학습, 학습 전이의 대상이자 고차원적 사고의 결과로서 접근되어 온 개념 학습이 결코 가치와 태도 문제와 동떨어져 학습될 수 없다는 것을 IB의 수업과 평가 설계 원리를 통해 설명하고 있다.

제2장은 개념적 이해가 학습자에게 어떤 경험인지에 대한 밀도 있는 해석을 제공한다. 무엇인가를 이해했다고 느끼는 것, 결국 이것이 개념적 이해이며, 이러한 경험이 어떻게 학습자가 당면하는 다양한 상황학습인지, 학습자의 맥락이란 무엇인지, 그 충위를 설명하고 이를 위한 교육과정의 설계 방식들도 제안하고 있다.

제3장은 개념탐구의 과정에서 평가 설계가 학습자에게 어떤 경험을 제공하는지 설명한다. 형성평가와 총괄평가의 관계가 개념에 대한 탐구를 촉진시키기 위해서 어떤 조건을 형성해야 하는지, 교육과정과 수업, 평가의 일체화를 위한 평가 설계의 조건이자 과정중심평가에서의 피드백이 효과를 갖기 위한 조건이 무엇인지 IB의 평가 설계와 과제에 대한 학습자의 수행 사례들까지 제시하며 IB 평가 설계의 특징과 의미를 밝힌다.

제4장은 개념탐구의 과정이 갖는 융합적 학습의 속성을 설명하고 IB에서 학습자의 융합적 학습 경험 제공을 위해 설정한 중핵교육과정의 특징을 보여 주고자 하였다. 특히 교수자 중심의 융합이 아닌 학습자 중심의 융합교육이 무엇인지, IB의 TOK, CAS, EE의 설계 특징을 통해 교과와 중핵교과 간의 연계, 중핵교육과정에서의 평가 설계의 특징 등을 통해 설명하고 있다.

제5장은 IB의 중핵교육과정 가운데 CAS 과목의 설계적 특징을 통해 교육 맥락에서의 학습자 주도성의 의미에 대해서 생각해 보고자 한다. 학습자 주도성을 위해 평가 과제와 루브릭, 평가의 맥락을 설계하는 미시적 설계 원리를 통해 학습자 주도성에 대한 설계 가능성에 대해 탐색해 본다.

제6장은 IB의 TOK 과목을 통해 IB가 지식을 다루는 방식, 개별화된 학습을 위한 지식에 대한 접근과 생성 방식들에 대해 면밀하게 분석한다. 개념에 대한 탐구가 개별화된 학습의 과정이 되기 위해서 필요한 학습의 다양한 기제를 체화, 참여, 실천 등의 개념들을 통해 설명한다. 또한 TOK 과목의 설계적 특성이 어떻게 이러한 기제를 촉진시키는지 설명하고 있다.

제7장은 학습자의 심층적 사고의 과정이자 융합적 사고 과정이 극대화되는 IB DP의 EE 과정을 중심으로 확장형 논술의 의미를 심화시키고자 하였다. 확장형 논술이 어떻게 학습자의 성장을 이끌어 낼 수 있는 총체적 학습 과정인지, 학습자 주도적 학습으로서 확장형 논술이 갖추어야 하는 조건들에 대하여 IB DP의 EE 설계적 특성들에 대하여 밝히고자 하였다.

이처럼 총 7개의 장을 통해 저자들은 IB의 교과에서 비교과(중핵교과) 영역에 이르기까지 다양하지만 일관된 설계의 원리를 제시하고자 하였다. 교육과정과 수업 및 평가 설계에 '개념'을 직간접적으로 반영하고 있는 방식은 개념에 대한 탐구가 어떻게 학습자 삶에 분산된 다양한 경험을 수렴시키는 과정인지 잘 보여 준다. 또한 IB가 학습자의 경험에 대한 분석을 통해 경험을 시스템화하는 방식은 새로운 교육학의 연구 분야로서 학습 경험 디자인이라는 학습과학의 영역으로서 우리 교육 현장에 의미 있는 시사점을 줄 것이라고 기대한다. 또한 현장의 수업과 평가에 대한 관심과 고민을 갖는 수많은 교사와 교육 연구자에게는 『IB로 그리는 개념기반 탐구학습』이 학습에 대한 패러다임과 학습 생태계에

대한 이해의 폭을 확장할 수 있는 작지만 의미 있는 경험으로 다
가가기를 기대해 본다.

저자 일동

차례

제3장 개념탐구 과정으로서의 형성평가와 총괄평가 105

제4장 개념탐구 과정으로서 융합 학습: IB 중핵형 활동 및 중핵교육과정을 중심으로 139

제1장

개념 학습에 관한 IB의 접근

역량을 교육과정-수업-평가에 담아내는 방법

1. 탐구를 위한 조건: 개념기반의 수업과 평가의 설계

개념과 탐구는 잘 어울리는 말이다. 객관식 선다형 시험을 준비하는 공부를 탐구라고 말하는 건 좀 어색하게 느껴진다. 아마도 개념이라고 하는 것이 그렇게 단순한 문제는 아닐 것이기 때문이다. 공부보다는 탐구라고 하는 것이 더 잘 어울리는 것이 '개념'이라는 단어가 아닐까 생각한다.

현장의 교육에서 '개념'이 강조되기 시작한 것은 2015 교육과정에서 역량기반 교육과정에 대한 관심을 가지게 되면서부터이다. 그리고 2022 개정 교육과정에서 빅 아이디어 혹은 핵심 아이디어라는 용어들을 통해 유사한 의미로서 현장의 교육과정 편성과 운영 체계에 '개념'은 더욱 중요한 역할을 하기 시작하였다. 실제로 역량기반 교육과정과 개념기반 교육과정이 현장에 등장한 시점이 크게 다르지 않으며 각각이 지향하는 바가 크게 다르지 않다는 점에서 '개념'과 '역량'이 의미하는 바가 무엇인지 의미를 검토해 볼 필요가 있을 것이다.

　　2015 개정 교육과정은 역량기반 교육과정을 표방하면서 실제 OECD에서 제시하는 역량 개념을 직간접적으로 다루어 왔다. 당시 역량 개념은 교육에서 지식·기능뿐만 아니라 가치, 태도를 어떻게 균형 있게 다루어 낼 수 있을지에 대하여 지속적으로 고민해 왔고, 2015 개정 교육과정에서 그것이 선언적인 수준이었다면 2022 개정 교육과정에서는 그것을 실제로 어떻게 교육과정에 담아낼 것인지에 대한 문제로 구체화되었다고 볼 수 있다.

　　또 그 과정에서 '개념'이 무엇인지, 또 개념이 지식과 기능을 넘어서 가치와 태도를 포함하는 문제로써 어떻게 수업과 평가에 반영될 수 있는지 그 원리를 파악하는 데 관심을 가지기 시작하였다. 이러한 고민들은 IB 교육과정의 수업과 평가 설계 원리에 대한 관심으로 이어졌다.

　　그렇다면 탐구는 어떤 조건에서 시작되는 것일까? 〈표 1-1〉은 IB 가이드북에서 제시하고 있는 탐구 과제를 위한 연구 문제의 설정 방식을 명료화하기 위한 것이다.

〈표 1-1〉 심층탐구를 위한 연구 문제 설정의 예시

불분명하고 초점이 맞지 않으며 논의의 여지가 없는 연구 문제	분명하고 초점이 확실하며 심층 연구에 도움을 주는 좁은 연구 문제
Lenin에 대한 Ho Chi Minh의 충성은 어떠한 결과를 낳았는가?	1920년 Ho Chi Minh이 레닌주의(Leninism)를 채택하도록 만든 요소 중 민족주의는 어느 정도 영향을 미쳤는가?

중국 연극의 역사는 어떻게 되는가?	Mei Lan Fang의 유산이 현대 경극에 어떻게 기여했는가?
엽록소는 식물의 생명에 얼마나 중요한가?	키네틴의 농도가 잎사귀의 노화와 엽록소의 생합성에 미치는 영향은 무엇인가?
어떻게 미국 정부의 지출 정책을 개혁할 수 있는가?	2012~2016년 기간 동안 자동차등록증(COE) 가격의 상승이 소비자 인구별 신차 및 중고차의 수요와 이로 인해 싱가포르 경제에 창출된 세수입에 어느 정도 영향을 미쳤는가?

　왼쪽에 불분명하고 초점이 맞지 않고 논의의 여지가 없는 연구 문제와 오른쪽에 심층 연구에 도움을 주는 분명하고 초점이 확실하고, 좁은 연구 문제의 예시를 살펴보자. 대조한 각각의 연구 문제는 연구 주제가 얼마나 구체적인지의 차이가 있지만 이것은 학습자의 학습에 대한 동기와 관점의 개입 가능성을 의미하기도 한다. 왼쪽이 단순한 정보 수준의 것들을 정리해야 하는 문제라면, 오른쪽은 정보를 자신의 관점을 반영하여 재구성하고 논점을 만들어 가야 하는 문제에 해당한다. 이러한 문제 설정 방식은 학습자로 하여금 탐구로 들어갈 수 있도록 하는 동력이기도 하다. 예컨대, 교사들이 흔히 수업의 도입부에 "우리 지난 시간에 무엇을 배웠지?"라고 질문하는 경우가 많다. 이 경우 학습자들은 이런 저런 내용이 떠오르지만 어떠한 대답을 해야 할지 막연한 경우가 많다. 또 교사가 어떤 의도에서 질문을 한 것인지 분명하지 않기 때

문에 자신이 떠오른 내용이 적절한 답일지 고민하게 된다. 반면에 좀 더 구체적으로 "지난 시간에 우리가 배운 엽록소는 식물에서 어떤 역할을 하는 것이었지?"라고 묻는다면 학습자는 좀 더 명확하게 생각의 방향을 설정하고 답을 정리하는 것이 용이해진다. 사고가 활성화될 수 있는 최소한의 조건이 형성된 것일 수 있다. 그렇지만 여기에서 지나치게 답이 명확한 질문이 주어진다면 학습자의 사고는 오히려 그치고 만다. 따라서 구체화된 맥락에서의 질문을 시작하되 학습자의 관점이 포함될 수 있는 여지가 존재하는 질문이 제시되어야 한다.

그렇다면 오른쪽에 제시한 연구 문제가 탐구를 위한 조건이 될 수 있는 까닭은 무엇일까? 오른쪽의 주제들을 얼핏 보면 지식 중심의 탐구 활동일 것 같은데, 여기에는 가치와 태도를 아우르는 탐구의 과정이 전제되어 있다.

탐구는 결코 지식에 국한된 학습이 아니다. 오히려 오른쪽에 연구 문제를 해결하는 과정은 학습자가 어떻게 자신의 관점을 설정하는지 그리고 그러한 탐구 의지를 어떻게 유지시켜 나가는지, 즉 심층 과제를 해 나가는 동안 자신의 가치관과 태도를 지속시켜 나갈 수 있는지에 대한 총체적 학습 과정이 동반되는 자기주도적 활동이다.

그렇다면 오른쪽 연구 문제 진술이 갖는 특징은 무엇일까? 첫 번째는 2개 이상의 개념을 연결시키는 방식의 문제 설정이라는 점이다. 예컨대, 레닌주의와 민족주의의 관계를 묻는다거나, 키네틴의 농도와 잎사귀 노화와 엽록소 생합성의 관계 등과 같이 단순히 하나의 개념을 정보로서 정리하는 것이 아닌 둘 사이의 관계를 통해 각각의 개념을 명확하게 하도록 하는 방식을 취한다.

두 번째는 이렇게 2개 이상의 개념을 연결하는 과정에서 '어느 정도' 혹은 '어떻게'라는 자신의 관점과 견해가 반영될 수 있는 여지를 남겨 둔다는 점이다. 학생들은 2개 이상의 개념을 연결시키는 과정에서 얼마만큼의 관계성을 설정하는지 혹은 어떠한 매개된 관점을 통해 두 개념을 구체화시키는지 여부에 따라 지극히 개별화된 과제물을 만들어 가게 된다. 이러한 연구 문제 진술의 방식은 개별화 과제 설정의 기본적 조건이 된다고 할 수 있다. 또한 이러한 선택의 과정에서 자기주도성이 발휘될 수 있는 것이다.

이러한 특징에서 미루어 볼 때 탐구는 단편적인 수준의 정보나 지식을 조사하는 것이 아닌 자기주도성이 전제가 되는 자기 지식의 형성 과정이 되어야 함을 의미한다. 이것은 탐구의 수행 기간은 일정 수준의 기간과 함께 학습의 내용적 차원에서의 심화를 위한 고차원적 사고 과정이 포함됨을 의미한다.

이러한 탐구의 조건이 전제가 된다면, 학습 과정에 대한 학습자의 메타적 인지라고 하는 부분은 매우 중요해진다. 실제로 IB에서는 교과와 중핵교육과정 전반에서 이를 '성찰'이라는 것으로 매우 강조하고 있는데, 이것은 학습 내용에 대한 성찰이자 자신의 학습 방식에 대한 성찰에 이르기까지 IB에서는 성찰 행위에 대한 방법과 평가까지 매우 촘촘하게 제시하여 설명하고 있다.

그런데 성찰에 관하여 IB가 제시하고 있는 것 가운데 CAS에서 제시하는 성찰의 과정은 매우 흥미롭다. 흔히 우리는 성찰이라고

하는 것은 머릿속 내지는 마음속에서 일어나는, 잘 보이지 않는 어떤 학습 행위일 거라고 생각한다. 그런데 IB CAS에서는 이것을 '입증'의 문제로 제시하고 있다. '성찰을 입증할 수 있을까?' 여기에는 다양한 의견이 존재할 수 있다. 흥미로운 것은 바로 이 지점이다. 성찰을 입증하기 위해서 취하는 방식, 그것이 가치와 태도에 접근하는 IB와 우리 교육과정의 차이가 극명하게 달라지는 지점이다.

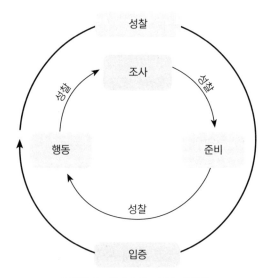

[그림 1-1] IBDP CAS 5단계

이러한 차이는 학습을 지식 중심의 학습으로 교육 장면에 국한한 것으로 활용할 것인지 혹은 가치와 태도를 포함하는 개인의 정체성 수준의 변화까지 끌고 가는 학습으로 다룰 것인지의 차이를 만든다. 이를 위하여 IB 가이드북에서 발췌한 IB CAS의 성찰에 대한 설명을 좀 더 구체적으로 살펴보자(〈표 1-2〉 참조).

　IB에서 성찰은 CAS뿐만 아니라 모든 교과에서 강조하고 있는 교육적 경험이다. 특히 CAS에서 성찰은 더욱 중요하게 다뤄지는데, IB 가이드북에서는 성찰이란 무엇이고, 성찰이 아닌 것은 무엇인지에 대해서 〈표 1-2〉에서는 다음과 같이 제시하며 성찰 활동의 성격을 명료화한다.

〈표 1-2〉 IBDP CAS의 성찰

성찰이란	성찰이 아닌 것
• 정직함	• 강요됨
• 개인적	• 옳거나 틀림
• 여러 가지 방법으로 실행함	• 좋거나 나쁨
• 때로 어려움	• 채점하거나 등급을 매김
• 때로 쉬움	• 어려움
• 때로 창의적임	• 타인이 말한 내용을 모방
• 자기인식을 구축함	• 예측 가능
• 학습에 필요함	• 타인으로부터 평가받음
• 자신의 행동과 느낌을 결합함	• 일어난 일을 단순 요약함
• 놀라움	• 타인을 기쁘게 하기 위해 실행함
• 계획에 도움이 됨	• 시간 낭비
• 혼자서 혹은 타인과 함께 수행함	• 서면으로만 가능
• 생각과 감정 및 아이디어를 다룸	• 논의만 가능
• 관점을 추가	• 교사의 주도하에서만 실행

　물론 우리 학교 현장에서도 성찰은 중요하게 다루어지고 있으며 성찰을 촉진시키기 위한 방법들이 다양하게 적용되고 있다. 흔히 학습에 대한 성찰 과정을 작성하는 일지 형식의 것을 과제로

제시하는 경우가 많은데, 이러한 과제의 형식과 조건이 IB에서 제
시하는 '성찰이 아닌 것'에 해당하는 측면들이 있다는 것에 주목
할 필요가 있다. 〈표 1-2〉를 보면 '좋거나 나쁨'을 표현하는 것이
성찰이 아니라는 것, 단순히 어떤 기분을 표현하는 것도 성찰은
아니다. 따라서 수업이 끝난 후 '재미있었다' '좋았다' '의미 있었
다' '어려웠다' 등과 같은 감정 표현으로 그치는 것은 성찰이라고
보지 않는다. 또 성찰의 결과는 타인으로부터 평가를 받는 대상
은 아니라는 점, 타인을 기쁘게 하기 위하여 실행하는 것 또한 성
찰은 아니라고 본다. 그리고 교사의 주도하에서만 실행되는 것,
즉 교사가 시켜서 하는 성찰도 성찰이 아니다.

　그렇다면 IB에서 성찰은 어떠한 활동을 의미하는 것일까? IB에
서 의미하는 성찰은 〈표 1-2〉에서 제시한 바와 같이, 우선 놀라
움의 감정이라는 것이다. 다시 말해서, 개인적인 감정으로서 정직
함을 동반한 놀라움의 감정이어야 한다는 것이다. 또한 자기인식
의 구축, 자신의 학습과 계획에 도움이 될 만한 감정과 관점에 대
한 아이디어라는 점이다. 다시 말해서 누군가에게 보여 주거나 평
가받기 위한 것이 아닌, 스스로의 학습 과정에서의 깨달음, 진정
성 있는 감정적 통찰이라는 점을 강조하고 있다. 그렇다면 문제는
'이것을 어떻게 수업과 평가에 반영할 수 있을까?' 하는 것이다.

　[그림 1-2]의 사례는 IB MYP에서 미술 교과 시간의 활동이다.
학생들은 자신의 작품을 완성해 가는 과정에서 각자 자신의 작품
활동 과정에 대한 성찰을 한다. 그런데 이 과정은 자신의 성찰 과
정에 대한 입증을 앞과 같이 수행하는데, 주제를 선정하게 된 배

경부터 작품 활동에서의 강점과 약점이 무엇인지 구체적인 증빙
이 될 만한 자료들을 제시하며 성찰의 과정들을 입증한다. 이러한
IB의 성찰에 대한 입증 방식의 구체적 지침이 학습 과정을 어떻게
유도하고 정교화시킬 수 있을지 고민해 볼 필요가 있을 것이다.

Place your documentations of your explorations

The process of exploration began with a keyword inspired by the chosen artist, Van Gogh. The keyword: madness, was specifically related to Van Gogh's artwork "Self-Portrait with Bandaged Ear and Pipe".

To express the keyword of madness, I created an anti portrait on the broad theme of my personality.

Through a brainstorming phase, I specified this theme. I decided to create an anti-portrait on what I consider "perfect".

To express this idea, I chose to visualize my room and various captures of myself. I chose to paint my room since it is an environment that truly conveys myself. It is a major personal aspect.

The reference photo was taken after I added stacks of paper and unorganized clothing. I focused on creating a sense of messiness, imperfection, and disorder.

[그림 1-2] IB MYP의 미술 교과 활동

2. 수업 설계에서 개념의 활용

　IB는 PYP-MYP-DP 모든 단계에서 '개념'을 중심으로 교육과
정을 설계하고 있다. 여기에서는 먼저 PYP 단계에서 어떻게 개념
을 수업 설계에 활용하는지 살펴보고자 한다.

[그림 1-3] PYP

　PYP의 경우 교육과정은 [그림 1-3]에서 동심원의 가장 바깥쪽에 위치한 초학문적 주제 6개를 중심으로 개념기반의 수업 설계가 이루어진다. 초학문적 주제는 탐구를 위한 하나의 유닛(Unit of Inquiry: UOI)이 설계될 때 가장 상위에 존재하는 주제가 되며 그 아래에 다시 중심 아이디어(central idea)와 탐구 목록(line of inquiry), 다시 그 아래에 핵심 개념(key concepts)과 관련 개념(related concepts)으로 수업 설계를 위한 요소들이 배치된다. 물론 이러한 요소들이 수업 상황에서 명료하게 순차적으로 드러나는 것도 아니고, 분명하게 내용 요소로 다루어지는 것은 아니지

만, 교사는 학생들과의 학습 과정에서 이러한 요소들을 탐구의 목
표와 목적을 중심으로 끊임없이 염두하며 수업을 진행해 나가게
된다.

〈표 1-3〉 ○○초 6학년 '우리 자신을 조직하는 방식' UOI 운영 계획 1

학년	6학년	날짜	5월 6일	타임라인: 지속적 탐구, 한 번 혹은 여러 번 검토, 명확한 시작과 끝을 구분하고, 다른 사람들과 협력하여 동시에 탐구	6월 10일~ 7월 15일

초학문적 주제

우리 자신을 조직하는 방식

중심 아이디어

경제 주체들의 편익을 위해 자원에 대한 경제적 선택은 달라진다.

탐구 목록

1. 경제적 선택의 특징
2. 경제적 선택의 변화
3. 앞으로의 경제 발전

핵심 개념	관련 개념	학습자상
기능, 변화, 책임	편익, 자원, 선택	탐구하는 사람, 배려하는 사람, 생각하는 사람

학습 접근 방법

조사 기능, 사고 기능, 대인관계 기능

행동

- 사회주의와 자본주의 경제 시스템을 비교하고 경제적 선택의 특징을 구체적인 사례를 바탕으로 설명한다.
- 역사 속 경제적 선택이 편익과 어떤 관계가 있는지 사례를 들어 설명한다. 어떻게 변해 왔는지 찾아 설명한다.

〈표 1-3〉에서 제시한 것은 초등학교 6학년에서 설계한 UOI 사례이다. 이것은 PYP의 초학문적 주제 가운데 '우리는 어떻게 자신을 조직하는가'라는 주제 아래에서 '경제 주체들의 편익을 위해 자원에 대한 경제적 선택은 달라진다'라는 중심 아이디어를 설정하고 이에 대한 탐구 목록으로서 '1. 경제적 선택의 특징, 2. 경제적 선택의 변화, 3. 앞으로의 경제 발전'을 설정하고 있다. 그리고 여기에서 염두에 두게 될 PYP의 핵심 개념으로 '기능, 변화, 책임'을 제시한다. 이러한 개념이 수업에서 설정되는 방식을 이해하기 위하여 동일한 초학문적 주제를 또 다른 방식으로 설계한 UOI 템플릿을 살펴보고자 한다.

〈표 1-4〉 ○○초 6학년 '우리 자신을 조직하는 방식' UOI 운영 계획 2

구분	내용
초학문적 주제	우리는 우리 자신을 어떻게 조직하는가?
단원명	세계 속 민주시민
운영 시기/차수	4월 둘째 주~5월 둘째 주
중심 아이디어	민주시민은 사회의 갈등을 해결하기 위해 참여한다.
핵심 개념	기능, 인과, 책임
관련 개념	민주주의, 주인, 참여, 평화, 인류애
학습 접근 방법	사회적 역량, 사고 역량, 연구 역량
학습자상	탐구적 질문을 하는 사람, 위험을 감수하고 도전하는 사람, 남을 배려하는 사람
탐구의 흐름	• 나라의 주인으로서 민주주의 실천하기 • 세계시민으로서 세계평화를 위해 행동하기

관련 교과/ 성취기준	[6국01-03] 절차와 규칙을 지키고 근거를 제시하며 토론한다. [6국01-04] 자료를 정리하여 말할 내용을 체계적으로 구성한다. [6국01-06] 드러나지 않거나 생략된 내용을 추론하며 듣는다. [6국02-03] 글을 읽고 글쓴이가 말하고자 하는 주장이나 주제를 파악한다. [6국02-05] 매체에 따른 다양한 읽기 방법을 이해하고 적절하게 적용하며 읽는다. [6사05-01] 4·19 혁명, 5·18 민주화 운동, 6월 민주 항쟁 등을 통해 자유민주주의가 발전해 온 과정을 파악한다. [6사05-02] 광복 이후 시민의 정치 참여 활동이 확대되는 과정을 중심으로 오늘날 우리 사회의 발전상을 살펴본다. [6사05-03] 일상생활에서 경험하는 민주주의 실천 사례를 탐구하여 민주주의의 의미와 중요성을 파악하고, 생활 속에서 민주주의를 실천하는 태도를 기른다. [6사05-04] 민주적 의사 결정 원리(다수결, 대화와 타협, 소수 의견 존중 등)의 의미와 필요성을 이해하고, 이를 실제 생활 속에서 실천하는 자세를 지닌다. [6사08-02] 남북통일을 위한 노력을 살펴보고, 지구촌 평화에 기여하는 통일 한국의 미래상을 그려 본다. [6사08-03] 지구촌의 평화와 발전을 위협하는 다양한 갈등 사례를 조사하고 그 해결 방안을 탐색한다. [6사08-04] 지구촌의 평화와 발전을 위해 노력하는 다양한 행위 주체(개인, 국가, 국제기구, 비정부 기구 등)의 활동 사례를 조사한다. [6도03-03] 도덕적 상상하기를 통해 바람직한 통일의 올바른 과정을 탐구하고 통일을 이루려는 의지와 태도를 가진다.

> [6도03-04] 세계화 시대에 인류가 겪고 있는 문제와
> 그 원인을 토론을 통해 알아보고, 이를 해결하고자
> 하는 의지를 가지고 실천한다.

앞서 보았던 두 가지 UOI의 동일한 초학문적 주제인 '우리는 어떻게 우리 자신을 조직하는가'라는 또 다른 설계 사례에서는 '민주시민은 사회적 갈등을 해결하기 위해 참여한다'를 중심 아이디어로 활동을 구성하였다. 또 이러한 중심 아이디어는 '기능, 인과, 책임'이라는 핵심 개념과 연결된다. 이러한 설계는 앞서 제시한 UOI에서 동일한 초학문적 주제에서 경제를 중심 아이디어로 설계한 경우와 민주주의를 중심 아이디어로 설계한 경우에 따라 조금씩 다른 핵심 개념이 설정된 것을 알 수 있다.

이처럼 '우리는 어떻게 자신을 조직하는가'라는 하나의 초학문적 주제는 다양한 중심 아이디어와 연결될 수 있고, 또 여기에 따라 핵심 개념도 달라질 수 있다. 다시 말해, 우리의 초등학교 과정에 해당하는 PYP 단계에서는 초학문적 주제를 통해 교과 내용이 통합되어 설계될 수 있지만 이러한 교과 내용들을 통합하여 설계하고 여기에서 학생들이 성취해야 하는 학습의 대상을 관통하는 핵심 개념을 설정해 놓음으로써 학습 활동의 커다란 지향점을 설정하고 있다는 것을 알 수 있다.

앞에서 제시한 두 번째 UOI의 경우 우리 교육과정의 성취기준과 접목시키는 방식도 확인할 수 있다. '우리는 어떻게 자신을 조직하는가'에 대한 초학문적 주제가 민주주의라는 중심 아이디어

를 통해 다루어지는데, 이것이 우리 교육과정상의 국어과, 사회과, 도덕과와 연결될 수 있다는 것을 알 수 있다. 그렇다면 핵심 개념으로서 '기능'과 '인과'와 '책임'이라는 것과 연결시켜 수업을 하고 이것을 평가한다는 것은 무엇일까?

민주주의라는 내용을 핵심 개념으로서 기능, 인과, 책임이라는 지식으로서 접근하고 해당 사실에 대한 지식과 이해의 문제로만 접근한다면 어렵지 않은 문제일지 모른다. 그렇지만 앞서 언급한 대로 핵심 개념이 결코 지식에만 국한된 것이 아닌 기능과 가치와 태도를 포함하는 것으로서 접근해야 한다면 그것은 어떤 차이를 가질까? 민주주의를 가르치면서 기능과 인과와 책임이라는 개념을 어떻게 가르치고 평가할 것인지, 그것을 지식, 기능, 가치와 태도를 포함한 것으로서 가르치고 평가한다는 것은 무엇일까?

이러한 개념을 통한 학습은 MYP에서도 마찬가지로 이루어진다. MYP 단계에서의 핵심 개념 역시 다음과 같이 제시되고, 학습의 모든 장면은 이것들과의 연관성 가운데 진행된다. 이러한 개념은 DP 단계로 가면서 교과 단위로 심화되고 구체화되며, 평가 단계로까지 체계화되어 적용된다. DP의 사례는 다음 장에서 상세하게 제시한다.

〈표 1-5〉 MYP 주제 전반의 주요 개념

미학	형식	체제	공동체
연관성	창의성	문화	발전
변화	관계	정체성	시간, 장소 및 공간
관점	국제적 상호작용	의사소통	논리

3. IB에서 개념에 접근하는 방법

　　다음은 2015 개정 교육과정에서의 익숙한 교과별 내용 체계표 가운데 고등학교 수학과의 사례이다.

〈표 1-6〉 2015 개정 교육과정에서 '수학과' 내용 체계표 예시

영역	핵심 개념	일반화된 지식	내용 요소	기능
문자와 식	다항식	식에 대한 사칙연산과 인수분해는 복잡한 다항식으로 확장되어 적용된다.	• 다항식의 연산 • 나머지정리 • 인수분해	• 계산하기 • 이해하기 • 문제 해결하기 • 설명하기
	방정식과 부등식	방정식과 부등식은 양 사이의 관계를 나타내며, 적절한 절차에 따라 이를 만족시키는 해를 구할 수 있다.	• 복소수와 이차방정식 • 이차방정식과 이차함수 • 여러 가지 방정식과 부등식	
기하	도형의 방정식	좌표평면에 나타낸 점, 직선, 원과 같은 도형은 대수적으로 표현된다.	• 평면좌표 • 직선의 방정식 • 원의 방정식 • 도형의 이동	• 계산하기 • 이해하기 • 설명하기 • 판별하기
수와 연산	집합과 명제	집합은 수학적 대상을 논리적으로 표현하고 이해하는 도구이며, 명제는 증명을 통해 그 타당성이 입증된다.	• 집합 • 명제	• 설명하기 • 표현하기 • 이해하기 • 증명하기 • 구별하기
함수	함수와 그래프	함수는 대수적 조작이 가능하며, 함수의 그래프를 통해 시각적으로 표현된다.	• 함수 • 유리함수와 무리함수	• 그래프 그리기 • 이해하기 • 함수 구하기 • 계산하기 • 표현하기

| 확률과 통계 | 경우의 수 | 다양한 상황과 맥락에서 경우의 수를 구하는 체계적인 방법이 존재한다. | • 경우의 수
• 순열과 조합 | • 경우의 수 세기
• 계산하기
• 문제 해결하기 |

〈표 1-6〉에서 살펴보면 우리 교육과정에서도 핵심 개념이라는 용어가 사용된다. 수학과의 경우 핵심 개념은 단원명에 해당하는 것이라는 점을 알 수 있다. 따라서 2015 교육과정에서 사용하는 핵심 개념이라는 용어는 지식의 내용 요소들과 크게 다르지 않다. 그리고 이 내용 요소는 관련 기능들과 연결되어 이것은 〈표 1-7〉에서 제시하는 '내용 요소+기능'의 형태로 하나의 문장으로 구성되어 성취기준으로 활용된다.

〈표 1-7〉 2015 개정 교육과정에서 수학과 성취기준의 예시

> **나. 성취기준**
>
> (1) 문자와 식
>
> 문자를 포함한 식의 사칙연산과 인수분해는 복잡한 다항식으로 확장되어 적용되고, 방정식과 부등식은 적절한 절차에 따라 이를 만족시키는 해를 구할 수 있다. 다항식의 연산 및 방정식과 부등식은 수학의 여러 분야 학습의 기초가 되고 문제를 해결하는 중요한 도구가 된다.
>
> • 다항식의 연산
>   [10수학01-01] 다항식의 사칙연산을 할 수 있다.
> • 나머지정리
>   [10수학01-02] 항등식의 성질을 이해한다.

> [10수학01-03] 나머지정리의 의미를 이해하고, 이를 활용하여 문제를 해결할 수 있다.
> • 인수분해
> [10수학01-04] 다항식의 인수분해를 할 수 있다.
> • 복소수와 이차방정식
> [10수학01-05] 복소수의 뜻과 성질을 이해하고 사칙연산을 할 수 있다.
> [10수학01-06] 이차방정식의 실근과 허근의 뜻을 안다.
> [10수학01-07] 이차방정식에서 판별식의 의미를 이해하고 이를 설명할 수 있다.
> [10수학01-08] 이차방정식의 근과 계수의 관계를 이해한다.

2015 개정 교육과정의 내용 체계표에서는 태도적인 측면들이 직접적으로 제시되고 있지 않지만, 2022 개정 교육과정에서는 여기에 '과정과 기능' '가치와 태도'라는 측면이 추가로 제시되어 전인적인 학습을 위한 요소들이 보완된 형태를 보인다. 물론 2015 개정 교육과정과 새롭게 보완된 2022 개정 교육과정 모두 핵심 개념이 지식과 기능, 가치 태도가 분리된 형태로 제시된다는 것은 동일하다.

그렇다면 IB의 교과 핵심 개념은 어떨까? 〈표 1-8〉에 제시된 것은 IBDP의 수학과 핵심 개념이다.

〈표 1-8〉 IBDP에서 수학과의 핵심 개념

핵심 개념	의미
근삿값	어떠한 수치에 정확하지는 않아도 충분히 가깝다고 이야기할 수 있는 수량을 뜻한다.

변화	크기, 숫자 또는 동작이 변하는 것을 뜻한다.
동치성	완전히 같거나 상호교환 가능함을 뜻하며, 명제, 수치, 수식 등에 적용된다.
일반화	특정 사례를 근거로 들어 표현한 일반화를 뜻한다.
모델링	실제 세계를 표현하는 목적으로 수학을 사용하는 방법을 의미한다.
패턴	수학적 체계에서 기본이라고 보이는 질서, 규칙성 또는 예측 가능성을 의미한다.
수량	수나 수치를 의미한다.
관계성	수량, 특성 또는 개념 간의 관계를 뜻하며, 그 관계는 모델, 규칙, 명제 등으로 표현될 수 있다. 이러한 관계성은 학습자 주변 세계의 패턴을 탐구하는 기회를 제공한다.
표현	수학적 정보를 문자, 식, 도표, 표, 차트, 그래프, 모델 등으로 대신 표현하는 것을 뜻한다.
공간	개체를 그리기 위한 기하학적 차원의 틀을 말한다.
체계	상호 연관된 요소들의 그룹을 뜻한다.
타당성	정확한 결론 혹은 결과에 대한 합리적인 해석에 이르기 위해 잘 설계된 수학적 논리를 사용하는 것을 뜻한다.

　앞에서 제시된 수학과의 교과 핵심 개념을 살펴보면 〈표 1-7〉의 내용 체계표에서 제시한 내용 요소로서의 핵심 개념과는 상당히 다른 성격의 것들로 이루어져 있는 것을 알 수 있다. 또한 실제로 이 핵심 개념이 교육과정과 수업, 평가에서 활용되는 방식을 살펴보면 핵심 개념의 의미와 역할에서 그 차이를 더 분명하게 인식할 수 있다.

　IBDP 수학과의 핵심 개념을 살펴보면 수학과의 내용 요소로만 볼 수 없는 교과 초월적인 개념 요소들도 눈에 띤다. 예를 들어, 변화, 일반화, 모델링, 공간, 체계, 타당성 등은 수학과에서만 다루는 개념은 아니다. 다시 말해서, 현상을 설명하거나 수학과 이외의 영역에서도 활용되는 개념이라는 점이다. 다만 각각의 핵심 개념에 대한 설명을 통해 각 개념들이 수학과에서 어떤 의미일 수 있는지에 대한 설명이 덧붙여짐으로써 수학과에서 해당 개념의 의미를 분명하게 초점화해 주고 있다.

그렇다면 이러한 핵심 개념이 실제 수업에서 어떻게 활용되는지 살펴보면 수학과의 핵심 개념에 대해 좀 더 구체적으로 이해할 수 있게 된다. IB의 경우 별도의 교과서가 정해져 있지 않기 때문에 교과의 주제별 권장 시간과 목적을 비롯한 교수학습에 대한 지침이 가이드북 형태로 제시된다. 다음은 IBDP의 '주제 1: 수와 대수' 영역에서 개념을 어떻게 제시하고 수업에 활용하는지 보여 주는 가이드북의 일부이다.

〈표 1-9〉 IBDP 수학과 교수학습 지침의 예시

> **주제 1: 수와 대수**
> • 개념
> - 수와 대수를 사용하여 패턴의 표현 혹은 동치관계를 명시하며, 일반화가 가능하고 이러한 기술을 통하여 실제 상황을 모델링할 수 있다. 대수는 수개념을 추상화한 것으로, 변수 등을 활용하여 수학적 문제를 해결한다.
> - **본 주제와 관련이 깊은 핵심 개념: 일반화, 표현, 모델링, 동치성, 패턴, 수량**
> - 심화 단계로 접근하기 위한 개념: 타당성, 체계

- 내용별 개념적 이해
  - 등차수열, 등비수열 및 급수의 구조를 가지고 실제 상황을 모델 링하면 예측, 분석 및 해석이 가능하다.
  - 수를 다양한 형식으로 나타내면 등가의 수량을 서로 비교할 수 있고, 그것들을 이용해 적절한 정밀도의 계산을 용이하게 실행 할 수도 있다.
  - 수와 수식은 다양한 형태로 표현이 가능하고, 이를 통하여 다양 한 항등식을 유도할 수 있다.
  - 공식은 특정 예시를 기반으로 만들어진 일반화로, 새로운 예시 에 확장(적용)될 수 있다.
  - 로그 법칙은 실제 상황을 모델링하는 지수함수의 역함수를 구하 는 수단으로 사용된다.
  - 수의 패턴을 의식함으로써 대수적 도구가 개발되고, 이를 이용 하여 미지수를 구할 수 있다.
  - 이항정리는 일종의 일반화로, 이를 이용하여 이항식의 거듭제곱 을 효과적으로 전개할 수 있다.
- 권장 수업 시간 및 목적: 19시간
  - 수와 대수 주제의 목적은 학생에게 등차수열, 등비수열, 급수에 대한 소개와 함께 금융 및 기타 응용을 위하여 사용할 수 있는 수적 개념과 기법을 소개하는 것이다. 또한 공식적인 증명 개념 을 배우게 된다.

먼저, '주제 1: 수와 대수'는 가장 하단에 제시된 바에 따르면 권 장 수업 시간 19시간이 요구되는 단원이다. 또한 이 단원의 목적 이 제시되는데, 등차수열, 등비수열, 급수와 같은 내용들을 제시 하면서 이를 활용하고 응용할 맥락으로서 금융 및 기타 응용 영역 에서의 수적 개념과 기법에 대한 부분이 제시된다. 또 이 주제에 서는 증명 개념이 다루어진다고 제시한다.

사실 주제명에 뒤따라 바로 언급되는 것이 이 주제 영역에서 다루어질 핵심 개념에 대한 설명이다. 수와 대수 단원에 앞서 수학과의 14개 핵심 개념 가운데 일반화, 표현, 동치성, 패턴, 수량의 개념들을 다루는 단원이라는 것이다. 그리고 이 영역의 심화단계 개념들이 추가로 제시되고, 구체적으로 내용 요소들이 개념과 어떻게 연결되는지에 대해 설명한다. 예를 들어, 등차수열과 등비수열은 왜 배우고 가르쳐야 하는지, 이것은 결국 실제 상황에 대한 모델링에 따른 예측과 분석 및 해석 가능성과 연관된다는 것과 같이 각각의 내용 요소들이 어떤 목적과 의미를 갖는 지식인지에 대해 설명하고 있다.

또한 수학에서 공식의 존재 목적 또한 문제를 좀 더 빠르고 효율적으로 풀기 위한 것이 아닌, 일반화의 방식으로 이것이 다른 예시들에 확장될 수 있음을 가르쳐야 한다고 제시한다. 즉, IB 수학에서 공식은 일반화의 목적으로 수학에서 의미를 갖는다는 것이다. 공식을 가르치는 것 혹은 공식을 가지고 문제 풀이를 빠르게 하는 것이 목적은 아닌 것이다. 그렇다면 분명 교사는 수학 수업에서 공식에 접근하는 방식이 단순히 어떤 유형의 문제를 풀이하기 위한 것으로 접근되지는 않을 것이라는 점을 우리는 예측할 수 있다.

그렇다면 다른 교과에서 개념에 접근하는 방식을 좀 더 살펴보고자 한다. 다음은 IBDP의 역사과 사례이다.

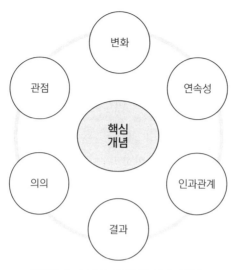

[그림 1-4] DP 역사의 주요 개념

　DP 가이드북을 펼쳐 보면 역사과의 핵심 개념은 [그림 1-4]와 같이 6개로 제시된다. 그렇다면 역사과의 핵심 개념은 어떤 기준으로 설정된 것일까? 이것은 교과에서 핵심 개념 설정의 목적이기도 하다.

　역사과의 핵심 개념으로 제시하고 있는 여섯 가지, '변화' '연속성' '인과관계' '결과' '의의' '관점'은 역사과에서 어떤 의미를 갖는 개념들일까? 이러한 고민 가운데, 우리가 역사를 가르치고 배우는 목적이 무엇일지에 대해서 생각해 볼 필요가 있다. 학생들이 역사를 배우는 것을 통해 어떤 변화를 기대하고 또 어떤 성취를 평가해야 할 것인지 고민해 본다면, 결국 이것은 교과의 존재 이유이자, 목표, 성취의 궁극적인 기준이 된다.

　이러한 개념의 설정은 우리의 성취기준 내용 요소로서 다루는 역사 지식과 그것을 포괄하는 개념으로서 IB가 역사과에 접근하는 것의 차이를 단적으로 보여 준다. 예를 들어, 역사를 배웠다고 했을 때 학생이 특정 역사적 사건의 배경과 의의에 대해서 기억하고 설명하고 기술할 수 있는지 여부가 중요한 것인지, 혹은 그 역사적 사건에 대하여 학생이 가지고 있는 관점이 무엇이고, 그것에 대한 인과관계, 연속성, 변화라는 것들에 대해서 자신의 언어로 이해한 바를 설명할 수 있는지 여부는 분명 차이가 있을 것이다. 그렇다면 후자의 경우를 학생들에게 가르치기 위해서는 수업은 어떻게 이루어지고 평가하게 될까? 단순히 해당 역사적 사실에 대하여 정보를 기억하는 것으로는 불가능하다. 예를 들어, 역사과의 6개 핵심 개념 가운데 '관점'의 경우, 해당 역사적 사실 속에서 어떠한 관점을 갖는다는 것에는 가치 판단과 역사적 인식과 태도 등과 같은 주관적 측면이 개입될 수밖에 없기 때문이다. 다시 말해서 '관점'이라는 역사과의 핵심 개념은 단순히 정보에 국한된 것이 아닌 지식, 기능, 가치, 태도가 총체화된 역사적 안목과 인식에 해당하는 것으로 다루어진다. 그렇다면 구체적으로 IBDP 역사과에서는 이러한 핵심 개념을 어떠한 설계를 통해 수업과 평가에서 접근하도록 하고 있을까?

〈표 1-10〉 교수요목 개요

교수요목 구성 요소	교수 시간	
	표준 수준	심화 수준
지정 주제 　1. 군사 지도자들 　2. 정복과 그 영향 　3. 세계 대전 발발과 움직임 　4. 권리와 투쟁 　5. 갈등과 개입	40	40
세계사 주제 　1. 사회와 경제(750~1400) 　2. 전쟁의 원인과 결과(750~1500) 　3. 왕조와 통치자(750~1500) 　4. 전환기의 사회(1400~1700) 　5. 초기 근대 국가(1450~1789) 　6. 초기 근대기 전쟁의 원인과 결과(1500~1750) 　7. 산업화의 기원, 발전 및 영향(1750~2005) 　8. 독립 운동(1800~2000) 　9. 민주 국가의 등장과 발전(1848~2000) 　10. 권위주의 국가(20세기) 　11. 20세기 전쟁의 원인과 결과 　12. 냉전: 초강대국 간의 긴장과 경쟁(20세기)	90	90
HL 옵션: 심화 학습 　1. 아프리카와 중동의 역사 　2. 아메리카 대륙의 역사 　3. 아시아와 오세아니아의 역사 　4. 유럽의 역사	–	90
내부평가 　역사 연구 에세이	20	20
총 교수 시간	150	240

IB 역사과 가이드 교수요목에 따르면 지정 주제 다섯 가지 중에서 교사는 1개를 선택하여 가르치도록 하고 있다. 즉, 교사는 5개의 지정 주제를 모두 가르칠 필요가 없으며 IBDP 역사과 역시 별도의 교과서가 없기 때문에 가이드북 수준에서는 이 지정 주제를 얼마 동안 가르쳐야 하는지만 교수 시간으로 제시해 준다. 다음은 IBDP의 역사과 가이드북에 제시된 수업의 과정을 설계하는 방식이다. 앞에 제시한 역사과 교수요목 개요를 보면 역사과를 가르치기 위해서는 크게 지정 주제와 세계사 주제가 각각 소개되고 각 영역별 권장 수업 시간이 제시되며 별도로 역사과의 내부평가를 위한 지도 시간이 제시된다.

1단계: 지정 주제 한 가지를 선택한다.

다섯 가지 지정 주제 목록에서 한 가지를 선택한다('교수요목 개요' 부분 참조).
각각의 지정 주제는 두 가지 사례 연구로 구성되며, 각 사례는 서로 다른 지역에서 선택된다.
선택한 지정 주제별로 명시된 사례 연구 두 가지 모두 반드시 학습한다.

2단계: 세계사 주제 두 가지를 선택한다.

12가지 주제 목록에서 세계사 주제 두 가지를 선택한다('교수요목 개요' 부분 참조).
각각의 주제에서 교사는 자신이 원하는 사례를 선택할 수 있다.
하지만 각각의 사례는 세계의 두 지역 이상에 관해 연구되어야 한다.

3단계: HL에만 해당하며, HL 지역 옵션 한 가지를 선택한다.

HL의 경우, 네 가지 HL 지역 옵션에서 한 지역을 선택하고('교수요목 개요' 부분 참조),
선택한 지역별로 18개의 섹션 중에서 세 가지를 선택하여 학습해야 한다.

내부평가

SL과 HL 학생 모두 내부평가 과제를 위해 역사 연구 에세이를 완료해야 한다.
학생들은 스스로 선택한 역사 주제에 대해 조사할 수 있다('내부평가' 부분 참조).

[그림 1-5] IBDP 역사과 교수요목의 선택

[그림 1-5]는 역사과 교수요목에서 교사에게 제시하는 주제 선택의 절차에 대해 안내하고 있다. 1단계는 지정 주제 다섯 가지 중 교사가 한 가지를 선택하게 될 경우 두 가지 사례를 통해 학습을 해야 한다는 점을 설명하고 있다. 2단계는 세계사 주제 12가지 중 두 가지, 또 3단계에서는 HL과 SL에 따른 추가 선택 과목에 대한 선택 방식, 마지막으로 내부평가 과제를 위해 학생이 스스로 주제를 선택하여 조사하도록 해야 하는 역사과 교수요목의 흐름을 개괄적으로 보여 준다.

그렇다면 지정 주제에 대한 교수학습 사례를 살펴보겠다. 예를 들어, 지정 주제 다섯 번째의 갈등과 개입을 선택하였다고 가정해 보자. 가이드북에서는 해당 주제를 선택할 경우 가능한 사례 두 가지를 예시로 제시하면서 교사와 학생이 연구를 위해 다루어야 할 것들을 안내한다.

〈표 1-11〉 IBDP 역사과 지정 주제의 선택과 사례 연구의 예시

지정 주제 5: 갈등과 개입

이 주제는 20세기 후반 갈등과 개입에 중점을 둔다. 서로 다른 두 지역의 각각의 사례 연구가 주어지며, 반드시 두 가지 사례 연구 모두 학습해야 한다. 첫 번째 사례 연구는 1990년 르완다에서 내전이 시작되고 1998년 국제형사재판소의 설립으로 종결된 르완다의 대량 학살을 집중적으로 연구한다. 두 번째 사례 연구는 1989년 코소보에서 시작되어 2002년 선거가 이루어질 때까지 증폭된 민족적 긴장을 중심으로 하는 1998~1999년에 발생한 코소보 사태에 초점을 둔다.

사례 연구	상세 연구를 위한 자료

사례 연구 1:
르완다
(1990~
1998)
	• 갈등의 원인
	  – 르완다에서의 민족적 긴장, 후투(Hutu) 파워 운동과 인테라항웨
	    (Interahamwe), 언론의 역할
	  – 기타 원인: 경제적 상황과 식민 지배의 유산
	  – 르완다 내전(1990~1993), 하브야리마나(Habyarimana)와 은타랴미
	    라(Ntaryamira) 암살 사건(1994)
	• 과정과 개입
	  – 르완다애국전선(Rwanda Patriotic Front: RPF) 작전과 르완다 정부
	    및 언론의 역할
	  – 집단 학살의 성격과 그 밖의 반인륜적 범죄, 전시 성폭력
	  – 국제 사회의 대응, 국제연합 르완다 감시단(United Nations Assistance
	    Mission for Rwanda: UNAMIR), 활동 부재의 이유, 프랑스의 역할, 벨
	    기에와 미국
	• 영향
	  – 사회적 영향: 난민 위기, 정의와 화해
	  – 국제적 영향: 르완다 사태에 관한 국제형사재판소의 설립(1994)
	  – 정치적 및 경제적 영향: 르완다애국전선(RPF) 주도의 정부, 콩고민주
	    공화국에서 계속되는 전쟁(자이르, Zaire)

사례 연구 2:
코소보
(1989~
2002)
	• 갈등의 원인
	  – 세르비안과 코소보 알바니아인 사이의 민족 갈등과 알바니아 민주주
	    의 등장
	  – 정치적 원인: 헌법 개혁(1989~1994), 알바니아 독립 군사 작전의 탄압
	  – 슬로보단 밀로셰비치(Slobodan Milošević)와 이브라힘 루고바
	    (Ibrahim Rugova)의 역할과 의의
	• 과정과 개입
	  – 코소보 해방군 작전, 세르비아 정부의 경찰과 군대
	  – 인종 청소와 반인륜적 범죄, 라차크(Racak) 집단 학살의 의의
	  – 국제 사회의 대응, UN의 대응, NATO 폭탄 군사 작전, 코소보군(KFOR)
	• 영향
	  – 사회 및 경제적 결과, 난민 위기와 사회 기반 시설의 훼손
	  – 코소보 내 정치적 영향으로 이브라힘 루고바의 대통령 당선(2002)
	  – 국제적 대응과 영향, 구 요고슬라비아 국제형사재판소(ICTY)와 밀로
	    셰비치 기소

앞의 예시를 살펴보면 가이드북에서는 교사에게 르완다와 코소보의 사례를 통해 '갈등과 개입'이라는 주제를 다루는 내용들을 안내한다. 물론 교사는 반드시 르완다와 코소보를 가르칠 필요는 없다. 갈등과 개입을 가르치기 위해 한국적인 맥락의 사례들을 선택하여 평가에서 요구하는 부분들(그 사료를 분석하는 능력, 해석하는 능력 등)을 가르치되 무엇을 가르치고, 학생들이 어떤 능력을 키울 수 있도록 할 것인지 다음의 평가 목표들을 염두에 두고 지도하면 될 것이다.

〈표 1-12〉 IBDP 역사과 평가 목표

- 평가 목표 1: 지식과 이해력
  - 구체적이고 관련 있는 정확한 역사 지식을 보여 준다.
  - 역사적 개념과 맥락에 대한 이해를 보여 준다.
  - 역사적 자료에 대한 이해를 입증한다. (내부평가와 시험 1)
- 평가 목표 2: 적용과 분석
  - 명확하고 일관성 있는 논거를 제시한다.
  - 관련 있는 역사 지식을 사용하여 효과적으로 분석한다.
  - 다양한 자료를 분석하고 해석한다. (내부평가와 시험 1)
- 평가 목표 3: 종합과 평가
  - 역사적 사실과 분석을 통합하여 일관성 있는 답변을 완성한다.
  - 역사적 이슈와 사건에 대한 서로 다른 관점을 평가하고 이러한 평가를 통합하여 답변을 완성한다.
  - 자료가 가진 가치와 한계를 인식하며, 역사적 증거로서의 가치를 평가한다. (내부평가와 시험 1)
  - 관련 자료를 선택하여 정보를 종합한다. (내부평가와 시험 1)

• 평가 목표 4: 적절한 기술의 사용과 적용
  – 질문이 요구하는 바를 효과적으로 반영하고 해당 사항에 초점을 맞춘 에세이를 구성 및 작성한다.
  – 역사가가 사용하는 방법과 역사가가 마주한 어려움에 대해 성찰한다. (내부평가)
  – 역사적 연구 및 조사에 적합하며 초점에 맞는 질문을 완성한다. (내부평가)
  – 연구 기술, 구성력, 참조 및 적절한 자료 선택에 관한 역량을 입증한다. (내부평가)

이에 따르는 IBDP 역사과의 평가 목표는 크게 네 가지이다. ① 지식과 이해력, ② 적용과 분석, ③ 종합과 평가, ④ 적절한 기술의 사용과 적용이라는 네 가지의 평가 목표는 내부평가와 외부평가로 출제된다. 그렇다면 평가 유형은 어떠할까? IBDP 역사과에서 평가 유형을 살펴보는 것은 어떻게 역사과의 핵심 개념에 접근하기 위한 학습 설계가 필요할지 가늠할 수 있게 해 준다.

먼저 역사과 시험 1의 경우, 앞서 살펴본 지정 주제 1에 대한 사료 기반의 시험이다. 〈표 1-13〉의 시험 1에 대한 안내를 살펴보자.

〈표 1-13〉 IBDP 역사과 시험 1(SL과 HL)에 대한 개요

시험 1(SL과 HL)
• 소요 시간: 1시간
• 가중치: 30% SL, 20% HL

시험 1은 다섯 가지 지정 주제에 관한 사료 기반 시험이다. 각 지정 주제는 두 가지 특정 사례 연구로 구성되어 있으며, 각 시험에서는

지정 주제의 특정한 두 가지 사례 연구 중 한 가지에 초점을 맞춘다. 시험에는 각 지정 주제별로 네 가지 사료를 포함한다. 자료는 1차 사료와 2차 사료를 혼합한 것으로, 서면, 그림 혹은 도표일 수도 있다. 시험은 각 지정 주제에 대한 네 가지 질문으로 구성되어 있으며, 학생은 선택한 지정 주제의 네 가지 질문 모두에 답을 해야 한다. 일부 질문은 한 가지 이상의 사료에서 나온 증거만을 사용하여 답을 한다. 어떤 질문의 경우 학생은 사료에 포함된 증거뿐 아니라 지정 주제에 관한 본인의 지식을 활용하여 답안을 작성해야 한다.

첫 번째 문제, 파트 A	이 문제는 사료 중 하나에 대한 이해력을 평가한다.	3점
첫 번째 문제, 파트 B	이 문제는 사료 중 하나에 대한 이해력을 평가한다.	2점
두 번째 문제	학생은 사료 중 하나의 가치와 한계를 분석해야 한다. 이러한 분석에서 지정된 사료의 기원, 목적과 내용을 언급해야 한다.	4점
세 번째 문제	학생은 2개의 사료가 지정 주제의 특정 양상을 연구하는 역사학자에게 어떤 점을 시사하는지를 비교 및 대조해야 한다.	6점
네 번째 문제	평가적 질문으로, 학생은 사료와 본인의 지식을 모두 사용해야 한다.	9점

이 시험의 최대 점수는 24점이다. 시험별 채점 기준표를 사용하여 채점한다. 하지만 각 지정 주제의 마지막 문제는 시험별 채점 기준표 외에도 전체 적용되는 채점 기준표를 사용하여 채점한다.

역사과 시험 1의 경우, 제공된 서면, 그림, 도표 등이 포함된 사료를 분석해서 지정 주제별 네 가지 질문에 답을 해야 한다. 물론 이것은 단순한 정보의 정리가 아닌 앞서 제시한 평가 목표로서의 이해력과 분석력, 종합과 평가 등 고차원적인 사고 과정을 담아

정리하여 기술하는 능력을 포함한다.

따라서 시험 1의 경우, 자신의 관점과 그것에 대한 역사적 해석과 분석을 해야 하는 것이기 때문에 학생들은 단순히 역사적 사건에 대해 배운 것을 기억하고 정리해 내는 것 자체가 중요하지 않다. 예를 들어, 어떤 사건이 몇 년도에 일어났고, 어떤 순서로 일어났는지 자체를 암기하는 것은 아무런 필요가 없다. 물론 역사과 핵심 개념 가운데 '연속성'이 있다고 보았을 때, 그것들의 인과관계를 알고 그 가운데 자연스럽게 순서를 알게 될 수 있겠지만 그것 자체를 기억하거나 암기할 필요는 전혀 없게 되는 것이다.

결국 교사는 시험 1을 준비시키기 위하여 DP 과정 2년 동안 사료 기반의 시험 준비를 위한 다양한 접근을 시도하게 될 것이다. 교사는 관련 지식에 대한 이해력과 동시에 그것을 적용하고 분석하는 능력을 지도해야 할 것이고, 또 종합하고 평가하는 능력을 길러 줘야 할 것이다. 그리고 그것을 적절한 기술의 사용과 적용이라고 하는 목표에 부합되도록 지도하여 평가에 적용할 수 있는 능력을 갖추도록 돕는 문제가 된다. 이러한 평가 방식은 역사과에서의 핵심 개념—관점, 변화, 연속성, 인과관계, 결과—이라고 하는 것들을 어떤 방식의 수업을 통해 접근하고 있는지 짐작해 볼 수 있도록 해 준다.

4. 개념 학습의 설계 조건

〈표 1-14〉는 IBDP의 수학과 평가 목표와 평가 영역별 가중치를 나타낸 표이다. 수학과는 여섯 가지 목표를 평가하는데, 이것은 세 가지(심화 과목은 네 가지), 즉 외부평가(시험 1, 2)와 내부평가(수학적 탐구)에 해당하는 시험으로 각각의 목표를 서로 다른 가중치로 평가한다. 이 가중치는 평가하고자 하는 평가의 목표와 해당 시험의 유형에 따른 평가 수행의 방식들에 따라 달라진다.

〈표 1-14〉 IBDP 수학과 평가 목표 및 평가 유형에 따른 가중치

평가 목표	시험 1 (%)	시험 2 (%)	시험 3 (%, HL에만 해당)	수학적 탐구 (%)
지식 및 이해	20~30	15~25	10~20	5~15
문제 해결	20~30	15~25	20~30	5~20
의사소통과 해석	20~30	15~25	15~25	15~25
테크놀로지	0	25~35	10~30	10~20
추론	5~15	5~10	10~20	5~25
탐구 접근 방법	10~20	5~10	15~30	25~35

예를 들어, 시험 1에서 테크놀로지 활용에 대한 점수 가중치가 0인 데 비하여 시험 2는 25~35%이다. 또한 수학적 탐구 과제(내부평가 과제)에서의 테크놀로지 활용에 대한 부분에 10~20%의 가중치가 부여되어 있다. 그렇다면 이렇게 가중치의 차이가

생기는 이유는 무엇일까? 각 시험의 유형이 어떻게 다른 것일까? 먼저 외부평가의 두 유형은 모두 지필형 시험이지만 시험 1은 계산기를 활용하지 않는 시험; 시험 2는 공학용 계산기를 활용하는 시험이라는 점에서 계산기 활용 능력이 테크놀로지 활용 능력으로 평가의 대상으로 다루어짐을 알 수 있다. 그렇다면 수학적 탐구에서 테크놀로지는 어떻게 평가할 수 있을까?

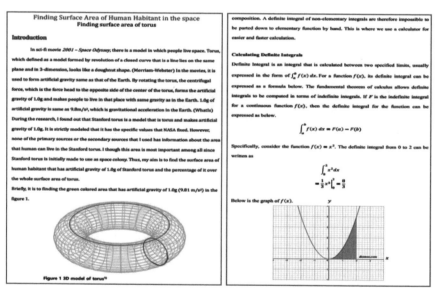

[그림 1-6] 수학과 내부평가(IA) 과제의 예시

[그림 1-6]의 보고서는 수학적 탐구 보고서 사례이다. 학생들은 이러한 서면 과제를 완수하기 위해서 자료에 제시된 그림이나 수학적 도표 또는 그래프와 같은 것들을 적절히 활용할 수 있어야 한다. 따라서 IBDP 수학과 교육과정에서는 이것들을 그릴 수 있

게 하는 프로그램이나 매체 등을 수업 시간을 비롯한 과제 수행 과정에서 자연스럽게 활용할 수 있도록 해당 테크놀로지에 대한 경험이 제공된다.

　테크놀로지 활용에 대한 평가 목표가 평가 영역에서 분산되어 있는 방식과 이를 수업에서 학습시키는 방식에 대한 사례는 IB에서 지식과 기능, 태도적인 측면들을 어떻게 평가 과제의 형식과 긴밀하게 연결시켜 주는지 잘 보여 준다. 뿐만 아니라, 지식과 기능이 어떻게 분절화되지 않고 통합되어 학습되고 평가되는지에 대한 사례가 될 수도 있다. 다시 말해서, IB는 테크놀로지 활용 능력이라고 하는 것을 어떻게 지식 학습에 반영할 수 있는지 보여 준다. 지식과 태도 혹은 기능이 별개의 것들로 움직여지는 게 아닐 수 있음을 앞의 수학과 내부평가 과제에서는 잘 보여 준다.

　지식과 기능, 가치 태도의 총체성은 또 다른 설계 원리에도 반영되어 있다. IB에서 대체로 모든 교과에서 심층학습을 유도하는 에세이 과제들이 내부평가 방식으로 포함되어 있는데, 이러한 경험은 단순히 지식의 심화 이상의 의미를 갖는다. 심층적 학습으로 가는 과정에서 학생의 태도와 가치관의 변화와 성장이 가능하다고 보는 것이다. 그렇지만 이것은 표면적으로는 지식의 심화와 다를 것 없어 보이거나 혹은 지식의 심화를 더욱 강조하는 것처럼 보일 수 있다.

　그런데 그 지식의 강조가 지식을 많이 가르치고 어렵게 가르쳐야 함을 의미하는 것이 아니다. 결국은 심층학습을 통해 지식 외적인 측면에 대한 학습과 그 학습을 더 중시할수록 지식의 학습이 더 강조되어야 하는 문제라는 것이다.

그렇다면 심층학습에서 지식을 심화시키는 문제가 어떻게 가치와 태도 문제와 연결되는지 IB 평가에서의 구현 사례를 살펴보자. 앞에서 제시한 IBDP 수학과 내부평가 과제에서 평가 준거 가운데 'C: 직접 참여'의 문제라는 것은 단순히 열심히 참여했는지의 문제가 아니라는 것을 알 수 있다.

〈표 1-15〉 기준 C: 직접 참여

성취단계	설명
0	아래 명시한 기준을 충족하지 못한다.
1	직접 참여한 흔적이 조금 있다.
2	직접 참여로 중요한 역할을 한 흔적이 있다.
3	돋보이는 직접 참여의 흔적이 있다.

'직접 참여'의 기준은 학생이 수학을 탐구하고 그것을 자신의 것으로 만드는 것과 관련하여 학생의 참여 정도를 평가한다. 이는 노력을 측정한다는 말이 아니다.

직접 참여는 여러 가지 방식으로 파악할 수 있다. 여기에는 독립적이거나 창의적으로 생각하고, 자신의 방식으로 수학적 개념을 제시하며, 다양한 관점에서 주제를 탐구하고, 가설을 세우고 검증하는 것이 포함된다. 다른 수준의 직접 참여의 더 자세한 예시는 교사용 보조자료(TSM)에 나와 있다.

학생이 탐구 결과에 직접 참여한 증거가 확실하게 있어야 한다. 학생이 열심히 참여했다고 교사가 언급하는 것만으로는 충분하지 않다. 개인적 시각이 반영되지 않은 교과서 방식의 서술이나, 이미 있는 수학적 서술 방식을 모방하는 것은 높은 점수를 받기 어렵다.

• 중요한 역할: 몇 가지 사례에서 직접 참여했다는 것이 명백해야 하

고, 탐구를 진행하면서 다른 학생들이 작가의 의도를 잘 이해할 수 있도록 기여한 것을 입증해야 한다.

- 돋보이는 역할: 학생은 수많은 사례에 직접 참여했음을 인증해야 하고, 그 내용의 수준이 굉장히 높아야 한다. 이와 같은 역할을 통하여 탐구를 창의적으로 진전시켰음을 입증해야 한다. 학생의 접근을 통하여 탐구 주제의 맥락에 대한 완벽한 이해를 더욱 높였으며, 다른 학생들이 해당 학생의 의도를 잘 이해하였다는 인상을 주어야 한다.

IB에서의 참여를 평가한다는 것은 정의적인 영역 혹은 어떤 태도적인 측면으로 보이는 영역도 결과물이 담고 있는 지식의 질적 수준과 별개의 것이 아님을 보여 준다. 그리고 이것이 IB가 생각하는 개념 학습이자 학습자 주도성의 문제와 밀접하게 연결된 설계의 원리로 볼 수 있다. 지식의 깊이가 깊어진다는 것은 학생의 주도성 문제와 동일시된다. 예를 들어, '돋보이는 역할' 수준으로 참여를 한 학생들 같은 경우에는 '탐구 주제의 맥락에 대한 완벽한 이해를 더욱 높여야 하며', '다른 학생들이 해당 학생의 의도를 잘 이해했다는 인상을 줄 정도로 내용적인 구성이 굉장히 깊은 수준으로 가야 한다는 것'이다. 이것은 참여의 질적 수준이 지식의 깊이와 밀접한 관련이 있다고 본 것이다. 단순히 열심히 참여하는 게 아닌, 방향성을 갖는 '잘한' 참여이어야 한다고 보는 것이다. 열심히 하는 것과 잘하는 것은 구분되어야 하는 것 아닐까? 역량이란 그런 것 아닐까?

다음의 'D: 성찰' 영역도 마찬가지이다. 성찰을 얼마나 열심히 했는지를 성찰일지의 분량이나 얼마나 꼼꼼히 썼는지의 문제로 보아야 하는 것일까?

〈표 1-16〉 기준 D: 성찰

성취단계	설명
0	아래 명시한 기준을 충족하지 못한다.
1	성찰의 흔적이 약간 있다.
2	의미 있는 성찰의 흔적이 있다.
3	비판적 성찰의 흔적이 상당히 많이 있다.

'성찰'의 기준은 학생들이 탐구 과제를 최종적으로 결론짓는 방식을 평가하는 것이다. 성찰은 결론에 국한된 것이 아니라 모든 부분에서 나타나야 한다.

결과를 간단히 설명하기만 하는 것은 제한적인 성찰을 의미한다. 높은 수준을 달성하려면 더 심도 있는 성찰을 해야 한다.

의미 있는 성찰을 보여 주는 방식의 몇 가지 예를 들자면, 탐구 목표와 연관을 지어 탐구를 통해 무엇을 배웠는지 설명하거나, 다른 수학적 접근을 비교하거나 한계를 논의하는 것이다.

비판적 성찰은 매우 통찰력 있거나 결정적이고 중대한 성찰이다. 결과값을 다시 설명하면서 탐구를 심화적으로 발전시킬 수 있고, 탐구 주제와 관련하여 학생들의 이해를 배가할 수 있다. 비판적 성찰을 보여 주는 방식의 몇 가지 예를 들자면 다음에 나올 내용을 예상하거나, 결과가 암시하는 점을 토론하거나, 접근 방식의 강점과 약점을 나누거나, 다른 관점에서 바라보는 것이다.

상당한 흔적이 중요한 성찰이 곳곳에 나타나 있음을 의미한다. 상당한 흔적이 탐구 과제의 결론에만 보이는 경우, 등급 3을 달성하기 위해서는 탐구에서 개념을 어떻게 발전시켰는지 입증하는 내용이 있어야 하며, 내용의 수준이 질적으로 높아야 한다.

다른 수준의 성찰에 대한 더 자세한(선택 사항) 예시는 교사용 보조자료(TSM)에 나와 있다.

　루브릭이 보여 주는 높은 수준의 성찰이란 내용의 수준에 대한 질적 깊이와 밀접하게 연관된다. 질적으로 높다고 하는 것이 구체적으로 접근 방식의 강점과 약점을 나누는 수준이 되어야 하고 탐구 과제와 같이 다른 관점에 대한 것들을 드러낼 수 있는 수준이 될 때 비로소 높은 수준의 성찰이라고 볼 수 있다는 것이다. 즉, 이러한 방식의 구체적인 비판적 성찰이라는 것은 아주 수준 높은 성찰이 지식의 수준과 어떻게 이어질 수 있는지 IBDP 평가 가이드에서 자세하게 제시한다.

　그렇다면 우리 현장에서 가치와 태도에 대한 평가는 지식에 대한 평가와 어떻게 분리 혹은 통합되어 이루어지고 있을까?

〈표 1-17〉 2015 개정 교육과정 수학과 수행 평가에서 정의적 능력 평가 예시

| 평가 요소 | 관련 교육과정 성취기준 및 평가 방법 | |
	교육과정 성취기준	평가 방법
다항식에 관한 관심과 흥미	[10수학01-01] 다항식의 사칙연산을 할 수 있다.	학기 초 진단평가과 해당 소단원 학습이 끝난 후 수학 일기를 작성하면서 자유응답형으로 다항식의 사칙연산에 대한 흥미와 관심도를 측정하여 변화 정도를 파악함
자신감과 자아 효능감	[10수학01-09] 이차방정식과 이차함수의 관계를 이해한다.	모둠별 협력 학습을 통해 이차방정식과 이차함수의 관계를 도출하여 발표함으로써 동료들로부터 긍정적인 피드백을 받도록 함
평가 방침	• 인지적 요소를 배제한 정의적 능력 평가 과제(문항) 설계	

	• 수업의 과정에서 이루어지는 정의적 능력 중심의 평가 • 평가 장면 설정 시 학습자의 참여 의욕을 불러일으킬 수 있도록 설정 • 정의적 평가 결과를 누가 기록하여 학습자의 발달적 성향 파악, 누가기록부 작성
평가 시기	• 상시 평가
평가 방법	• 구술, 보고서, 관찰, 면담 등을 이용해 평가 • 정의적 능력 평가를 통하여 자기반성 및 올바른 태도 인식 기회로 활용 • 학교생활기록부 교과 학습 발달상황 '세부능력 및 특기사항' 란에 평가 결과 기록

〈표 1-17〉은 실제 현장에서 활용한 수학과 평가 계획 중 일부이다. 사실상 각 교과에서 정의적 영역에 대한 평가를 구체화하여 설계하는 것은 상당히 어려운 문제일 수 있다. 앞에서 보이는 것처럼 수학과에서 정의적 능력을 설정하고자 할 때, 수학과에서 요구되는 태도가 무엇인지, 수학과에서 중요한 가치는 무엇인지, 교과별로 특수성 있게 구현한다는 것이 쉽지 않은 문제이다. 따라서 〈표 1-17〉에서와 같이 현장에서는 수학과에서의 정의적 능력을 평가한다고 하는 것을 자신감, 자아 효능감, 관심 · 흥미에 대한 것들로 설정하고 있는데, 이러한 측면이 수학과에서의 정의적 영역의 평가로 볼 수 있을지에 대해서는 고민이 필요하다. 수학 일기를 쓰도록 하는 것이 학생의 수학적 관심과 흥미를 측정할 수 있는 도구가 될 수 있는 것인지 그 안에서 학생들의 생각과 정서를 볼 수 있는지 고민할 필요가 있다. 또한 자신감, 자아 효능감

의 경우에도 〈표 1-17〉에서는 동료 평가를 통해서 긍정적인 피
드백을 받았는지의 여부로 평가를 하고자 한다. 그런데 개인의
정서적 측면을 동료 평가를 통해 하는 방식이 적절한 것인지의 여
부도 검토될 필요가 있다.

　이러한 상황은 현장에서 모둠 활동에 대한 평가에서도 많이 발
생된다. 모둠 활동을 통해서 학생들의 협동 능력을 본다고 하는
것이 적절한 방식인지, 어떠한 측면을 관찰하거나 기술해 주는 것
이 적절한 협동 능력에 대한 평가일지, 그것이 교육적으로 충분한
숙고와 합의가 된 기준일 것인지, 이 또한 고민이 필요한 지점이
다. 예를 들어, 수학과에서의 공동체 역량이라는 것이 서로 사이
좋게 모둠 학습을 잘했는지 여부일까? 옆 친구에게 친절하게 잘
설명해 주었는지가 중요한 협동 능력일까? 혹은 수학과에서 발표
를 잘하면 의사소통 능력이 뛰어난 것일까? 다시 말해서, 교과별
로 태도와 가치, 기능적 측면들을 접근하고 이해하는 방식이 동일
할 수 있을까? 따라서 이러한 정의적 영역에 대한 평가는 그 모호
성 때문에 대체로 현장에서 교과 세부 특기사항으로 작성되곤 한
다. 이러한 고민은 IB의 ATL(Approach To Learning)에서 가치와 태
도를 다루는 방식을 이해함으로써 시사점을 얻을 수 있을 것이다.

〈표 1-18〉 IBDP 수학과 ATL

* 개념적 이해
  개념은 특정 기원과 화제, 시공간을 초월하여 포괄적이며, 효과적
  이고, 체계적인 특성을 가지고 있다. 이 문장을 고려하면 또한 개
  념은 수학의 본질을 탐구하는 도구를 제공한다는 점에서 학생의

문제에 대한 탐구 및 개인적 · 지역적 · 전 세계적 의의에 대한 아이디어의 이동 수단으로 비유될 수 있다. 개념은 학생과 교사가 사실과 주제를 조직하고 연관 지으며 종합적으로 사고하는 데 있어서 중요한 역할을 한다. 학생은 개념적 이해를 통해 문제를 분석하고 해결하며, 그 결론을 평가하여 자기 자신과 공동체, 나아가 전 세계에 영향을 끼칠 수 있다. DP 수학 과정에서 개념적 이해는 심도 깊은 학습을 위한 필수 요소이다. 이 과정에서 12가지 기초 개념을 다섯 가지 중요 주제와 연결하여 소개한다. 교사는 지역의 상황과 국가적 교육과정 요건에 맞춰 추가적인 개념에 대해 수업할 수 있다. 그리고 교육과정 전반에 걸쳐 이 개념들을 활용하고 그 연관성을 확장할 수 있다.

• 수학적 탐구

DP 교수학습법은 교수 및 학습 환경에 널리 사용되는 계획된 전략, 기술, 태도를 의미한다. 이 접근법과 도구는 본질적으로 질문을 통한 발견과 실험을 통한 학습을 중시하는 IB 학습자상과 연계되어 있다. IB 교실에서 학생은 학습 활동에 활발하게 참여하여 수학을 배우게 될 것이다. 그러므로 교사는 지속적으로 학생의 비판적 사고와 문제 해결 능력을 자극하는 전략을 사용해 수학적 탐구를 통한 학습 기회를 제공해야 한다.

• 수학적 모델링

수학적 모델링은 현실 세계의 문제를 해결하기 위한 중요한 기법이다. 상황을 보다 잘 이해하고 변화의 영향을 감지하거나 의사결정을 알리는 데 종종 사용된다. 이러한 기회는 학생이 수학적 모델링 과정에 참여함으로써 얻을 수 있다. 수학과 관련된 과정이나 직업뿐만 아니라 수학이 아닌 영역에서도 학생들에게 가장 유용하게 사용될 수 있는 수학적 기법 중 하나이다.

• 증명

수학적 증명은 비판적 사고력을 기르는 중요한 요소이다. 명제 중명에 참여하는 학생들은 심화된 수학적 사고가 가능하다. SL 학생들은 간단한 연역적 증명을 하게 된다. 추가 심화 수준(Additional Higher Level: AHL)에서 학생들은 귀류법, 귀납법을 비롯하여 반례를 사용하여 명제의 참·거짓을 판단하는 방법도 학습한다. 명제를 증명하는 것은 학생들이 다음의 역량을 기르는 데 도움을 주므로 다면적 가치가 있다.

- 협동 작업
    ○ 수학: 분석과 접근 교수학습 접근 방법
    ○ 수학: 분석과 접근 가이드 17
- 대인 기술
- 추론
- 조사
- 말과 글을 통한 의사소통
- 창의적 사고력
- 구성

학생들이 직접 증명을 기술하면서 증명 기법을 습득할 수 있고 수학적 사고 과정에 참여할 수 있다. 학생들은 수학적 명제를 증명하기 위한 어휘와 그 구성 방법을 배우게 된다. HL 학생들은 수학 명제를 볼 때 명제가 참이라는 것을 증명하는 최선의 방법을 고민해야 한다. 명제가 참이라는 것을 증명하려면 수학적 엄밀성, 효율성, 간결함을 고려해야 한다.

• 테크놀로지의 활용
테크놀로지의 활용은 DP 수학 과정의 필수적인 요소이다. 교육 목표 중 하나는 테크놀로지와 수학의 발전이 우리에게 어떻게 영향을 주었는지에 대한 이해력을 기르는 것이며, 평가 목표 중 하나는 새로운 아이디어를 탐구하고 문제를 풀기 위해 테크놀로지를 정확하고 적절하며 효율적으로 활용했는지 확인하는 것이다. 다양한 형태의 테크놀로지를 활용하는 것은 수학에서 중요한 기술이며, 교수요목에서는 주제별로 이를 위한 시간과 '툴킷'을 제시하고 있다. 테크놀로지는 수학에 있어 강력한 도구이다. 최근 몇 년 동안 학생과 교사의 테크놀로지에 대한 접근이 증가하여 수학의 교수법 발전에 도움이 되고 있다. 테크놀로지의 활용은 수학에 대한 접근을 더욱 용이하게 하고 많은 학생에게 학습 동기를 부여한다. 교사는 테크놀로지를 이용하여 다음과 같은 방식으로 학생들의 이해력에 도움을 줄 수 있다.

- 지도의 요점을 명확히 제시
- 잘못 이해한 내용을 바로잡기
- 시각화하기
- 많은 양의 계산이나 복잡한 대수적 과정으로 이해를 어렵게 한 과정을 간소화하여 이해력 향상시키기
- 학생에 의한 추측과 일반화 확인을 뒷받침하기
- 각기 다른 수학적 접근과 표현 연관 짓기

또한 학생들은 테크놀로지를 활용하여 다음과 같은 다양한 방식으로 교육과정에 참여할 수 있다.

- 개념적 이해력을 기르기
- 패턴 찾기
- 추론 및 일반화를 검증하기
- 해석 정당화하기
- 프로젝트를 통해 협동하기
- 데이터를 정리하고 분석하기

• 교수요목 서식
수학 가이드의 교수요목 서식은 과목 및 수준에 관계없이 모두 동일하다. 이 체계는 개념 이해, 내용, 심층 문제와 같은 교수법적 측면을 다루고 있다. 다섯 가지의 큰 주제가 있고 큰 주제마다 소주제들이 있다. 다섯 가지 주제는 다음과 같다.

- 수와 대수
　　- 함수
　　- 기하와 삼각법
　　- 통계와 확률
　　- 미분과 적분

• 과정 설계

교과 가이드에 제시된 교수요목은 교육 순서가 아니다. 과정이 끝날 때까지 다루어야 할 사항을 상세히 설명해 놓은 것이다. 학교는 학생들에게 가장 적합한 과정을 설계해야 한다. 예를 들면, 학생들의 사전 학습 경험, 지역의 서로 다른 요구 사항, 사용할 수 있는 자료를 고려하여 학습 활동을 설계할 수 있다.

• 시간 배분

권장 교육 시간은 HL 과정의 경우 240시간, SL 과정의 경우 150시간이다. SL과 HL 과정 모두 탐구, 모델링, 연구 기술에 30시간을 배분해야 한다. 여기에는 수학 탐구라고 하는 내부평가 과제를 위한 시간이 최대 15시간 포함되어 있다. 이 가이드에서 주어진 시간 배분은 대략적인 것이며, 각 HL과 SL에서 나머지 210시간과 120시간을 교수요목에 어떻게 배분하는지 제시하고 있을 뿐이다. 각 주제마다 배분되는 정확한 시간은 학생들의 배경 지식과 준비 정도 등에 달려 있다. 그러므로 교사들은 학생들의 요구에 부합하여 시간을 조정할 수 있어야 한다.

• 툴킷

수업 시간에는 학생들이 실제 수학자처럼 탐구하고, 그들과 같은 사고 기능을 기를 수 있도록 수업 시간 내에 이를 위한 시간이 확보되어야 한다. 다시 말하면, 수학 툴킷을 학생들에게 제공하여 어떠한 방식으로도 문제를 해결할 수 있도록 길을 열어 주어야 한다. 이러한 생각의 기저가 되는 것은 IB 프로그램에서 추구하는 여섯 가지 교수 접근 방법과 다섯 가지 학습 접근 방법이다. 이 시간을 통해 수강생들에게 탐구를 기반으로 한 접근 방식을 직접 수행해 보고, 개념 이해에 집중하며 국내외적인 맥락에서의 수학을 인식하는 데 도움을 주고, 협동과 협력을 통해 배운 내용을 직접 적용하고 성찰할 수 있는 기회를 제공한다.

- 공식 및 공식 책자

이 문서에서는 애매함이 발생할 우려가 있는 곳에서만 공식을 기재하고 있다. 과정에 필요한 모든 공식은 수학 공식 책자에 기재되어 있다. 학생들은 DP 과정을 시작하면서부터 공식 책자에 익숙해질 필요가 있으며, 교사는 전자사본이나 복사본을 학생들에게 제공해야 한다. 시험을 보는 중에도 새롭게 준비된 (메모가 없는) 수학 공식 책자를 모든 학생에게 한 부씩 배부해야 한다.

앞에서 제시한 수학과 ATL을 살펴보면, 협동 작업, 대인 기술, 말과 글을 통한 의사소통 등이 제시되고 있다. 여기에서 흥미로운 것은 협동 작업, 의사소통, 대인 기술이 수학과에서 '증명'의 문제와 관련된 교수학습 접근법에 해당한다는 것이다. 따라서 타인과의 관계 안에서 지식을 활용하는 그 과정이 결국은 수학적 증명이라고 하는 문제이고, 수학과에서 증명을 가르칠 때 협동 능력이 필요한 것이라고 보는 것이다. 다시 말해서, 수학과에서 협동이 필요한 이유를 교과의 특수성을 기반하여 접근하고 있으며, 다른 정의적 영역도 이와 크게 다르지 않다. 예를 들어, 국어과에서의 의사소통 능력과 수학과의 의사소통 능력에 접근하는 법이 같을까? 그 차이가 단순한 유창성의 문제와는 다르다는 전제가 IB ATL에서 정의적 영역을 접근하는 방식이자, 평가와 ATL의 분리

를 통해 정의적 영역에서의 왜곡된 평가를 미연에 방지하는 효과
도 갖는다.

이러한 관점에서 다양한 교과에서 UCC 만들기를 해도 UCC를
얼마나 탁월하게 잘 만들어졌냐를 보는 것이 평가 기준이 되어서
는 안 된다. 수학과 UCC 만들기에서의 평가 준거는 분명히 달라
야 하는 문제일 것이다. 이렇게 접근하게 된다면 동일한 활동도 그
교과의 특성에 따라서 접근하는 지점들이 달라지게 될 것이다.

그렇다면 왜 수학과에서 공식집이나 공식 책자를 제공할까? 수
학과에서 공식을 암기하는 것이 반드시 수학과 개념탐구에 필수
요건은 아니기 때문이다. 따라서 공식은 암기의 대상이 아니라
어떤 수학적 문제 해결 과정에서 필요한 도구이기 때문에 수학 시
간에 학생들이 학습해야 하는 대상과 접근하는 방식이 학생들도
교사도 달라질 수밖에 없다. 그러면 수학에서의 개념탐구가 무엇
인지 조금 더 잡힐 것이다.

그렇다면 IB의 평가는 어떻게 자기주도성을 길러 줄 수 있을까?
〈표 1-19〉의 평가 루브릭은 IBDP의 수학과 내부평가(수학 에세
이)를 위한 것이다. 이러한 평가 루브릭은 개별화된 수학 에세이
에 대한 평가 루브릭인데, 이러한 수학 평가 도구가 갖는 구조가
학습자의 자기주도성을 길러 주기 위한 메타적 학습을 촉진시키
는 재미있는 구조를 갖고 있다.

〈표 1-19〉 IBDP의 수학과 내부평가(수학 에세이)를 위한 평가 루브릭

	A. 의사소통	B. 수학적 표현	C. 학생의 직접적 참여도	D. 비판적 성찰	E. 수학적 난이도
0	아래 기술된 기준 이하	아래 기술된 기준 이하	아래 기술된 기준 이하	아래 기술된 기준 이하	아래 기술된 기준 이하
1	어느 정도 논리의 일관성이 있음	적절한 수학적 표현을 일부 사용함	학생이 직접 수행하지 않은 증거가 있음	성찰이 미흡하거나 피상적인 증거가 있음	관련 있는 수학적 기술이 쓰였음
2	어느 정도 논리의 일관성과 전체 구조의 조직이 보임	수학적 표현들이 대부분 적절함	학생이 직접 수행한 증거가 약간 있음	유의미한 성찰의 증거가 있음	관련 있는 수학적 기술이 사용되었고, 미흡한 해석이 제시되었음
3	논리가 일관되고, 구조가 잘 조직되어 있음	보고서 전체의 수학적 표현들이 모두 적절함	학생이 직접 상당 부분을 수행한 증거가 있음	비판적 성찰의 증거가 많이 있음	수업 수준에 맞는 관련 수학적 기술이 사용되었고, 미흡한 해석이 제시되었음
4	주제가 일관되고, 잘 조직되어 있으며, 명료하고 완성도가 높음		학생이 탁월하게 수행한 증거가 충분히 많음		수업 수준에 맞는 관련 수학적 기술이 사용되었고, 일부는 정확하며, 수학적 지식과 해석이 약간 제시되었음
5					수업 수준에 맞는 관련 수학적 기술이 사용되었고, 대부분 정확하며, 풍부한 지식과 해석이 제시되었음
6					수업 수준에 맞는 관련 수학적 기술이 사용되었고, 모두 정확하며, 빈틈없이 완벽한 지식과 해석이 제시되었음

　예를 들어, 평가 준거 'E. 수학적 난이도'에 해당하는 준거와 다른 준거들과의 관계가 그것인데, 만약 학생이 자신이 설정한 에세이의 탐구 주제 난이도를 너무 높게 설정한다면 그 학생은 A~D까지의 준거에서 좋은 성취를 보이기 어려울 것이다. 그렇게 되면 교사는 1년간의 에세이 지도 기간에 준거 E의 난이도를 적정 수준으로 조정하도록 지도할 것이고, 학생은 이를 반영하는 과정에서 자신의 수학적 수행능력과 기타 다른 영역에서의 수행능력에 대한 자기인식을 하게 된다. 다시 말해서, 학생은 수학적 탐구 과제를 수행하는 과정에서 자신의 능력과 수행성에 대해 스스로 찾아가게 되고 이는 학생이 학습 과정에 대한 메타적 인지와 설계가 가능하도록 돕게 된다. 이러한 평가 설계의 모순적 구조를 통해 IB는 학생의 자기주도성을 높이는 방법을 평가에 적용한다.

　　제한된 어휘력은 제한된 경험 때문일 수 있으며, 많은 단어 사용을 요구하지 않는 너무 좁은 대인 접촉 때문일 수 있으며, 또한 부주의와 산만함 때문일 수 있다. 나태한 마음의 틀은 언어를 분명하게 구분하는 것을 싫어하게 만든다. 사실상 모든 사건과 조건에 해당되는 '거시기'와 같은 불분명한 용어를 선호하면서 단어를 느슨하게 사용한다(Dewey, 1910).

　이것은 새로운 이야기가 아니다. 또한 IB에서만 하는 이야기도 아니다. Dewey가 1910년도에 쓴 『How We Think』 책에는 어떻게 사람들이 생각을 하는지, 특히 과학적 탐구라고 하는 것들을 어떻게 하는가에 대해서 아주 자세하게 설명해 놓았다. 여기서 제한된 어휘력이라고 하는 표현은 어휘라고 표현을 했지만, 여기에서 언어 혹은 어휘라고 하는 것은 지식과 동일한 대상이다. 따라서 지식이 제한되어 있다. 그러니까 지식이 부족하다고 하는 문제는 머리에서 잘 모르는 문제가 아니라 경험이 제한되어 있을 수 있기 때문이고, 타인과의 접촉이 적기 때문일 수 있고, 또 부주의와 산만함 때문에 그럴 수 있다는 것이다.

우리가 학생이 얼마나 잘 아는지를 보려면 학생이 그것을 얼마나 다양한 방식으로, 얼마나 다양한 어휘로, 다양한 맥락으로, 다양한 예시로 얼마나 많이 풀어낼 수 있고, 그것을 다양한 맥락에 적용할 수 있는지 보면 학생의 개념이 진짜 깊게 학습되었는지를 알 수 있다. 만약 그것이 같은 수준에서 단편적인 부분에 적용할 수밖에 없다면 충분히 학습하지 않았다고 볼 것이다. 이것은 결국 깊은 학습은 다양한 맥락 학습이라는 것을 의미한다. 폭넓은 공부와 깊이 있는 학습들이 이루어져야 하는데, 그러려면 부주의와 산만함 그리고 태도적인 측면에서 깊이 있는 학습으로 가기 위해서는 얼마나 많은 집중력이 요구되고, 얼마나 끈기가 필요할지, '거시기'와 같은 불분명한 용어로만 말할 수 있는 수준이면 안 되며, 굉장히 촘촘하게 그것들에 대해서 말할 수 있고 설명할 수 있고 적용할 수 있는 수준이 되어야 한다는 것이다. 그것은 기능과 가치 · 태도라고 하는 측면에 대한 굉장히 다양한 경험이 필요하고 이것은 결국 지식 학습과 모두 연결된 총체적 학습의 과정이라는 것이다.

...

...

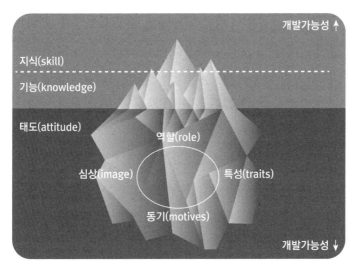

개발가능성 ↑

지식(skill)

기능(knowledge)

태도(attitude)

역할(role)

심상(image)　　특성(traits)

동기(motives)

개발가능성 ↓

[그림 1-7] 개념 학습의 구조에 대한 메타포

　역량을 설명하는 그림으로 마무리를 지으면, 우리가 학교 현장에서 skill과 knowledge라고 하는 이 부분을 굉장히 강조해서 가르쳐 왔고, 정의적 영역이라고 하는 것도 결국은 이것과는 별도지만 열심히 가르쳤다. 근데 역량 학습에서 강조하고 있는 [그림 1-7]의 빙산 그림이 실제로 지식과 기능이라는 윗부분이 잘 드러나 있으려면, 사실 그 아래에 태도가 탄탄하게 뒷받침이 되어야 할 것이다. 그렇지 않으면 지식과 기능이라고 하는 윗부분은 굉장히 불안정한 상태가 된다. 물 위에 떠서 굉장히 불안정한 상태인데 아랫부분이 굉장히 탄탄하게 받쳐지면 윗부분의 상태가 굉장히 안정적으로 갈 수 있다. 그래서 위에 있는 지식과 기능 같이 우리가 눈으로 확인할 수 있는 부분을 학습시키는 문제는 결국 그 아래에 있는 태도에 대한 학습을 어떻게 탄탄하게 할 것이냐에 대한 아주 치밀한 설계가 들어가야 한다. 그렇지 않으면 흔히 말하는 머리만 커지는 아이가 되는 것이다. 아랫부분이 텅 비어 있는 상태인 아이를 키우게 될 것이고, 반대로 아래가 탄탄하면 결국 그 위의 문제는 굉장히 쉬워진다. 지식은 목적에 따라 새롭게 적용하면서 습득할 수 있지만, 결국 하나의 빙산처럼 연결되어서 가치와 태도가 뒷받침되지 않는다면 그것은 결코 지속가능한 능력이 될 수 없기 때문이다. 결국 눈에 보이는 지식과 기능에 대한 체계적 설계는, 다시 말해서 가치와 태도에 대한 설계이기도 한 것이다. 결국 수업과 평가 설계의 연결성을 확보하고 가치와 태도를 직접적으로 평가하지 않고 지식으로 미루어서 가치와 태도를 보려고 하는 그 관점이 IB가 가진 특징이자 장점이다.

참고문헌

Dewey, J. (1910). *How We Think*. D. C. Heath and Company.

제2장

개념 이해를 위한 심층학습

1. 깊은 이해를 위한 학습

　요즘 우리는 원하는 정보를 시간이나 장소의 제약 없이 찾아볼 수 있다. 궁금한 사실이나 수행해야 할 일의 방법 및 절차를 스마트 기기를 통해 언제, 어디서든 찾을 수 있다. 하물며 정확한 용어를 알지 못하더라도 관련된 단어를 통해 알고자 하는 정보를 충분히 검색할 수 있다. 따라서 단편적인 지식을 많이 알고 있는 것이 매력적인 장점이라고 보기 어렵다. 오히려 다양한 정보들을 비판적으로 살핀 후 적합한 정보를 찾아 필요한 사람들에게 알기 쉽게 전달하거나, 찾아낸 정보를 해당 문제의 상황에 맞게 활용해서 문제를 해결하는 능력이 요구된다. 사람들은 어떠한 사실을 그대로 전달하는 것보다 논리적으로 타당한 근거를 바탕으로 해당 사실에 대한 견해를 전달하는 이야기에 귀를 기울인다. 또한 처음으로 수행하는 일에 대한 정보를 알아볼 때 단순히 절차를 순서에 따라 정리한 내용보다는 실제 경험에서 터득하게 된 구체적인 노하우(knowhow)가 함께 담긴 내용을 더 선호한다.

　이렇듯 지금 우리가 사는 시대는 사실을 암기하고 절차에 따라 이행하는 것보다는 사실과 정보를 판단하거나 활용하고, 자신의 견해를 표현하는 등 실제 상황에서 발생하는 일을 해결할 수 있는 능력이 필요하다. 인재에게 요구되는 능력이 변화하였으니 인재를 양성하는 교육의 목적과 방법의 변화는 자연스럽게 따르는 결과라고 할 수 있다. 결국 현재 교육을 받는 학생들이 살아가야 할 미래사회에서 요구되는 능력을 갖추기 위해서는 학교 교육의 변화가 필요하다.

1) 상식적 지식으로서의 자기 지식

사실과 정보를 판단하고, 이를 근거로 자신의 생각을 표현할 수 있는 능력을 갖추기 위해서는 우선 해당 사실이나 정보를 이해해야 한다. 흔히 우리는 이러한 상태를 "그 지식이 나의 것이 되었다."라고 말하기도 한다. 일상에서도 이해의 상태는 쉽게 관찰할 수 있다. 예를 들어, 누군가 어떤 요리를 하기 위해 조리법을 찾고 이를 따라서 요리한다고 생각해 보자. 찾은 조리법에 있는 재료의 종류와 양, 요리 순서를 그대로 따라 한다고 할 때, 필요한 재료가 모두 갖추어져 있지 않을 수 있고, 필요한 음식의 양이 조리법의 기준 양보다 적거나 많을 수 있으며, 불의 화력, 조리 도구 등과 같은 여러 가지 주방의 환경 및 상황이 다를 수 있다. 이때 조리법을 이해했다는 것은 조리법에 쓰인 그대로 따라 할 수 있다는 것이 아니라 없는 재료는 냉장고에 있는 비슷한 다른 재료로 대체할 수 있으며, 해내야 하는 요리의 양이 다를 경우 조리법에서 지시한 양에 비례해서 단순히 재료의 양과 조리 시간을 정확히 그 비율에 맞추기보다는 여러 가지 상황을 고려하여 적절하게 조절하고, 조리 도구나 환경적 조건에 따라 어떻게 대처해야 하는지를 잘 아는 것 등을 의미한다. 즉, 상황에 따른 대처가 가능한지는 조리법 전반에 대한 이해를 기반으로 한다. 조리법 전반에 대한 이해는 그 요리에서 사용되는 재료의 특성, 조리 방법, 조리의 과정 등 조리법을 따라 실제 요리를 잘 해낼 수 있는 수행 여부를 결정한다.

학습한 것을 이해했다는 것 역시 조리법을 이해한 것과 의미가 같다. 학생이 배운 것을 이해했다는 것은 다양한 상황에서 적절하게 배운 내용을 수정하거나 보완하고, 때로는 변경하여 활용할 수 있다는 것이다. 다시 말해서, 새로운 상황에서도 해당 지식을 사용하는 이유를 명확히 설명할 수 있으며, 맥락에 맞게 적절하게 사용할 수 있다는 의미이다. 이렇게 온전히 이해한 지식을 자기 지식이라고 한다.

자기 지식은 원리나 개념에 대해 자기 맥락에서 이해하고 탐구하는 과정을 통해 형성된다. 이 과정은 성찰을 통한 지성적인 학습 경험이라고도 할 수 있다. 성찰은 보통 어떤 일을 한 후, 과정을 돌아보고 스스로 평가하거나 다음에 유사한 일을 했을 때 고려해야 할 사항들을 정리하는 행위를 일컫는다. 하지만 좀 더 깊이 생각해 보면 우리가 수행하는 모든 일은 그 안에 여러 가지 작은 일들이 존재한다. 하나의 글 안에 작은 단락들이 존재하고, 작은 단락마다 그 단락의 소결이 있듯이, 일하는 과정 안에서 구체적으로 수행해야 하는 작은 일들이 있다. 그리고 작은 일들을 수행하는 과정에서도 성찰이 일어날 수 있다. 이렇게 우리는 하나의 일을 수행하는 과정에서 끊임없이 행위를 반추하면서 조율하고, 수정하고, 다른 방안을 마련하면서 진행한다. 예를 들어, 학생이 탐구 문제를 해결하는 과정에서 문제 해결을 위한 방법을 선택했다고 가정하자. 그 학생은 예측한 대로 문제를 해결하고 모든 과정을 끝마친 후에 그 과정에 대해 돌아보는가? 그렇지 않을 것이다. 오히려 선택한 방법을 실제로 사용하면서 예측과 실제 진행 과정을 비교하면서 상황에 맞춰 대응할 것이다. 일을 수행하는 과정에서 학생은 계속해서 새로운 예측과 행위 그리고 그 행위를 돌아보는 과정을 수행할 것이다. 즉, 성찰은 과정이 끝난 후에 이루어지는 것이 아니라 과정 안에서 끊임없이 행해진다. 계속되는 성찰의 과정을 통해 학생의 탐구 주제와 관련된 지식은 학생 자신의 지식으로 체화된다.

Dewey(2011)는 성찰을 '반성적 사고(reflective thought)'라고 한다. 반성적 사고는 사람이 생각의 근거가 되는 믿음에 대해 숙고하는 것을 말한다. 사람의 믿음이라는 것은 어떤 종류의 증거 혹은 증언으로부터 생기거나 확고해진다. 이러한 근거를 믿음이 가져올 결과에 비추어 지속해서 세심하게 검증하는 과정을 통해서 자신의 믿음에 대한 수정, 보완, 확장 등이 이루어진다. 이러한 경험이 축적되면서 그 믿음은 지성적으로 깊이 이해된 자기 지식으로 변화한다.

지성적 경험을 통해 형성되는 자기 지식은 다른 사람들과의 상호작용에서도 그 의미가 통하는 상식적 지식으로 기능한다. 우리가 가지고 있는 지식은 사회에서 공유되는 의미를 바탕으로 실제 경험을 통해 형성되며, 동시에 형성된 지식이 다른 사람들과 소통하고 협력할 수 있는 도구가 되기도 하기 때문이다. 즉, 개인이 학습 경험을 통해 이해하게 된 지식은 사회에서 통용되는 '상식적인 지식(commonsense knowledge)'이며, 자기 지식이 사회에서 그 의미를 갖게 되어야만 다른 사람을 공감하거나 함께 협업할 수 있는 기반이 될 수 있다.

2) 살아 있는 지식으로 전용하기

방정식을 처음 배우는 학생이 있다고 하자. 그 학생에게 교사는 숫자와 문자로 이루어진 다항식을 연산하는 원리와 방법, 방정식의 정의, 방정식의 풀이 방법을 설명한다. 그리고 학생은 훈련을 통해 다항식의 사칙연산을 할 수 있고, 어떤 식이 방정식인지 선택할 수 있으며, 방정식에서 해를 구하는 방법을 익혔다고 가정해 보자. 그렇다면 그 학생은 실제 상황에서 방정식을 활용하여 문제를 해결할 수 있을까? 방정식에 관한 사실적인 지식을 안다는 것은 발생한 문제에서 방정식을 사용해야겠다고 판단하고, 제반 조건에 맞추어 방정식을 세우고, 그 방정식을 풀어서 나온 해가 어떤 의미인지 설명할 수 있는 상태와는 다르다. 다시 말해, 방정식을 풀 수 있다는 것과 방정식을 이해한다는 것은 다르다.

해결해야 할 문제 상황에서 주어진 조건을 바탕으로 수식이라는 도구를 선택하고 방정식을 활용하여 해결의 방안을 마련할 수 있는 상태와 같이 자신의 것으로 이해된 지식은 하나의 시스템처럼 작용한다. 자기 지식으로 이해된 지식은 단편적인 지식의 조각들이 모여서 군집을 이루고 있는 형태가 아니다. 즉, 모여 있는 지식 중에서 필요한 지식을 선택해 그대로 사용하는 것이 아니라 시스템과 같이 유기적으로 연결되어 작용하면서 상황적 맥락에 따라 활용되는 형태이다. 이러한 자기 지식은 다양한 맥락에 따라 활용하는 경험을 통해 끊임없이 재구성된다. 여기에 학습자의 상상력이 더해지면 새로운 지식을 창출하기도 한다.

자기 지식은 유기체와 같이 살아 있다는 의미에서 '살아 있는 지식'(今井むつみ, 2017)이라고도 한다. 살아 있는 지식은 지식을 사용하는 방법과 절차 자체까지 하나가 된 지식을 말한다. 사실의 기억이었던 지식은 계속해서 다양한 실제 맥락에 활용되면서 익숙해지는 과정을 거쳐 절차의 기억으로 점차 습관처럼 몸에 배어 버린다. 즉, 학습자는 다양한 맥락에서 예측과 행위 그리고 성찰의 경험을 통해 지식을 점차 구조화하고, 그러한 경험들이 축적되면서 추상적이고 명시적인 지식에 익숙해진 양태를 '전이'라고 한다.

전이는 교육의 궁극적인 목적이다. 그런데 전이의 의미는 교육의 형태에 따라 차이를 보인다. 전통적인 교육에서는 학생들이 지식을 습득하는 것을 목적으로 한다. 따라서 교사가 지식을 전달하고 학생은 그 지식을 받아들여 암기하거나 훈련하는 형태를 취한다. 이러한 전통적인 교육에서 전이는 단순히 지식을 익히고 필요한 상황에 그 지식을 그대로 적용할 수 있는 상태를 의미한다. 반면 이해를 위한 교육에서는 학생이 경험을 통해 자기 지식을 구축해 나가는 것이 목적이다. 학생의 이해를 위해 교사는 학생들이 주제를 탐구할 수 있는 다양한 학습 맥락을 제공한다. 이런 형태의 교육에서 전이는 지식을 상황에 맞는 절차나 과정을 통해 자유자재로 운용하는 능력을 말한다.

학생의 이해를 목적으로 하는 교육에서 학습의 전이는 지식의 적용이 아닌 '전용(appropriation)'을 통해 이루어진다. Dewey(2007)는 학생이 실제 학습하는 과정을 살펴보면, 학생은 학습하고자 하는 주제에 대해 여러 문제를 해결하는 기회를 얻게 되는데, 문제를 해결하는 과정에서 학생들은 이전에 유사한 문제를 해결했던 경험들로 인해 익숙함을 느끼면서도 각각의 경우를 매번 새롭게 경험한다고 말한다. 이는 문제의 상황이나 주어진 조건 그리고 해결해야 할 대상이 달라지면서 문제 해결의 절차나 과정 그리고 문제 해결을 위한 도구와 그 사용 방법이 달라지기 때문이다. 결국 문제마다 고유의 맥락이 있고 그 맥락에 따라 문제를 해결하는 경험을 여러 차례 수행하는 과정에서 일반화된 원리를 파악하고 또 다른 새로운 문제 상황에 맞닥뜨렸을 때 그 사례와 연관지을 수 있는 이해의 전이가 이루어진다.

상황 맥락을 넘나들면서 지식을 운용할 수 있는 상태로서의 전이는 교수와 학습을 연구하는 학습과학에서 핵심 주제로 언급되는 심층학습의 원리와 그 의미가 상통한다. 학습과학은 심리학, 컴퓨터 과학, 철학, 사회학, 그 외 다양한 과학 분야들이 참여한 연구를 기반으로 효과적인 교수와 학습을 위한 학습 환경을 연구하는 학제 간 분야이다. 1970년대부터 연구를 시작한 학습과학 연구자들은 초기 20년간의 연구를 통해 학습자 스스로 이해를 발전시키고 새로운 지식을 개발할 수 있는 인재로 양성하기 위해서는 심층학습이 필요하다는 결론을 내렸다. 그리고 심층학습을 위한 교수 및 학습 그리고 환경에 관한 연구를 꾸준히 수행하고 있다.

3) 개념 이해를 위한 심층학습

학습과학은 학습과 학습 환경에 관한 주제를 과학적으로 접근하며 주로 실제 학교 현장을 연구 대상으로 하는 새로운 분야의 학문이다. 학습과학 연구자들은 실제 수업에서 학생과 교사를 관찰하고 수업 환경을 분석한 연구 결과들을 바탕으로 전통적인 교육으로는 지식 정보화 사회에서 요구되는 인재 양성이 어렵다는 결론을 내렸다. 동시에 학생들에게 배움이 일어나기 위해서는 심층학습이 필요하다고 주장하였으며, 그 근거를 제시하였다.

학습과학 연구자들은 전통적인 학교 교육과 심층학습을 다음과 같이 비교하였다.

〈표 2-1〉 전통적인 학교 교육과 심층학습 비교

전통적인 학교 교육	심층학습
학습자는 이전 지식과 무관하게 교과서 혹은 교사의 강의 자료의 내용을 다룸	학습자는 새로운 아이디어와 개념을 이전 지식 및 경험과 연관시켜서 학습함

학습자는 교과서의 단편적인 지식을 단절적으로 수용함	상호 관련된 개념 체계 안에서 학습자의 지식을 통합시키는 학습을 함
학습자는 사실을 암기하고, 방법이나 이유를 이해하지 않고 절차를 수행함	패턴과 기본 원칙을 학습자 스스로 찾도록 요구함
학습자는 교과서에서 접한 것과 다른 새로운 아이디어를 이해하는 데 어려움을 겪음	학습자에게 스스로 새로운 아이디어를 평가하고 이를 학습의 결론에 연결하도록 요구함
학습자는 사실과 절차를 모든 것을 알고 있는 권위자로부터 물려받은 고정된 지식으로 단정함	학습자가 지식이 생성되는 논의의 과정을 이해하고 논증의 논리를 비판적으로 검토함
학습자는 자신의 목적이나 전략을 반영하기보다는 내용을 암기하는 데 학습의 초점을 둠	학습자가 자신의 이해와 학습 과정을 반영하면서 학습함

출처: Sawyer (2014).

〈표 2-1〉 내용을 자세히 살펴보면 전통적인 학교 교육과 심층학습의 차이는 지식을 보는 관점으로부터 발생한다. 전통적인 학교 교육에서는 지식을 변하지 않는 것, 수용해야 하는 것으로 간주한다. 학습자가 배워야 하는 지식은 해당 분야의 전문가 혹은 권위자로부터 전수된 것이기 때문에 그대로 받아들이고 암기해야 하는 대상이다. 따라서 지식과 절차에 대한 학습자의 태도는 수동적일 수밖에 없다. 이에 반하여 심층학습에서의 지식은 이해의 대상이지만 동시에 비판적으로 탐색해야 할 대상이기도 하다. 지식이 생성되는 과정에서 발생하는 논의의 과정을 이해하고 그 과정에서 거론되는 논증의 논리를 비판적으로 검토하는 것은 지

식이 불변의 것이 아니라 공동체의 합의와 인정이 필요한 것으로 간주한다는 증거이다.

지식을 바라보는 관점의 차이는 학습의 목표와 방법에서의 차이를 발생시킨다. 전통적인 학교 교육에서는 학습자가 기존의 지식을 아는 것이 학습의 목적이다. 이러한 학습 목적을 이루기 위한 교실에서 교사는 교재에 담긴 지식을 전달하고 학생은 전달받은 내용을 암기한다. 이와 같은 수업에서 학생은 수동적인 태도를 보일 수밖에 없다. 지식에 대한 학습자의 수용적이고 수동적인 태도는 비판적 사고를 바탕으로 자신의 견해를 표현하거나 새로운 아이디어를 창출하는 데 부정적인 영향을 미친다. 결국 전통적인 학교 교육으로는 새로운 정보가 넘쳐나는 현대 사회에서 정보를 선택하고, 선택한 정보를 바탕으로 창의적인 결과물을 만들어 내고, 이를 타인과 공유할 수 있는 능력을 갖추기 위한 충분한 학습을 하기 어렵다.

심층학습의 목적은 학습자가 지식을 깊게 이해하는 것이다. 학습자의 머릿속을 채우기 위한 학습이 아닌 학습자가 가지고 있는 개념 위에 새로운 지식을 구축해 나가는 것이 심층학습의 과정이다. 따라서 새로운 지식을 학습할 때 학습자는 이미 이해한 지식이나 가졌던 경험을 연관 지어 탐구를 시작한다. 더불어 학습자 스스로 기본 원칙을 찾고, 새로운 아이디어를 평가하여 비판적으로 검토하는 과정을 경험한다. 즉, 심층학습 과정에서 학습의 주체는 학습자이며, 학습자는 학습에서의 여러 경험을 통해 지식을 자기 지식으로 체화할 수 있다.

　결국 심층학습을 하면서 학습자는 계속해서 자신의 이해를 발전시켜 나간다. 그리고 그 과정에서 지식 간 연결고리를 발견하고 지식들의 연관성을 통해 새로운 의미를 구성하면서 복잡한 개념에 대해 깊이 이해하게 된다. 즉, 심층학습은 깊이 있는 개념적 이해의 과정이라고 할 수 있다.

2. 상황학습과 개념적 이해

　"학교에서 배운 지식을 실제 삶에서 사용할 수 있을까?" 실제로 학생들에게 이 질문을 던진다면 학생들은 가장 먼저 학교에서 배운 지식이 과연 쓸모가 있는지 생각해 볼 것이다. 그리고 여러 과목의 수업을 통해 접하게 된 수많은 지식이 모두 기억나지 않을 것이며, 기억이 난다고 하더라도 실제 사용할 수 있는지에 대한 질문에 흔쾌히 '그렇다'라고 답하기는 어려울 것이다.

　앞의 질문에 답을 찾기 위해서 우리는 학교의 수업과 평가 장면을 다시 생각해 볼 필요가 있다. 우리가 흔히 볼 수 있는 학교 수업의 풍경은 교사가 교과서 내용을 설명하고, 학생은 교사의 설명을 듣고 간단한 활동지를 작성하는 모습이다. 이후 시행되는 평가는 수업 시간에 배운 내용을 학생이 잘 암기하고 관련 문제의 답을 잘 찾아내는지 확인하는 과정으로 진행된다. 물론 지필 평가 외에 수행 평가를 통해 학습 주제와 관련하여 학생 활동을 유도하는 과제물을 제시하지만, 심층학습이 이루어지기 어려운 경우가 대부분이다. 탐구 주제에 대한 깊은 사고를 필요로 하기보다는 과제의 형식 자체에 집중되어 있거나, 채점 시 교사가 필요하다고 생각하는 내용과 조건의 유무와 그 양을 점수화하여 학생들은 비판적이고 창의적인 사고를 통해 자신만의 결론을 도출하는 과정보다는 점수화될 수 있는 조건이나 내용을 잘 넣기 위한 과정으로 과제를 수행할 것이기 때문이다.

배움의 쓸모라는 것이 머릿속에 담아 둔 지식을 필요한 순간에 꺼내서 그대로 사용할 수 있는 것을 의미한다면, 학교에서 배운 지식은 학교의 담장을 넘어 우리의 생활 속에서 의미가 있게 사용된다고 느껴지기 어려울 것이다. 그렇다면 어떻게 해야 학교에서 배운 지식이 학교 밖을 나가 실제 삶에 가치 있게 사용될 수 있을까?

학습은 각각의 지식을 한 가지씩 익히거나 단계를 순차적으로 밟아 나가면서 하나의 지식 또는 한 단계를 완전히 익힌 후 다음 지식이나 단계로 나아가는 형태로 이루어지지 않는다. 학습해야 할 개념은 연관된 지식의 체계로 구성되어 있으므로, 각 지식을 개별적으로 학습하여 그 개념을 이해하기 어렵기 때문이다. 개념에 대한 학습이 이루어진다는 것은 해당 개념의 전체적인 의미의 맥락에서 그 개념의 체계가 이해되었다는 것을 의미한다. 이러한 상태를 개념적 이해라고 한다.

1) 개념의 의미: 상황주의 관점에서의 개념과 학습

전통적인 학교 교육에서 개념은 주제에 대한 추상적인 지식을

의미한다. 예를 들어, 함수의 개념을 학습한다고 가정해 보자. 이
때 함수의 개념이라고 한다면 함수의 정의, 함수의 조건, 함수에
서 사용되는 용어의 뜻, 함수식을 나타내는 방법 등을 언급할 수
있다. 하지만 개념적 이해의 관점에서 함수의 개념은 실제 현상
을 함수로 표현하고 문제를 해결하는 과정과 절차를 모두 포함한
다. 관찰한 현상에서 수집한 데이터로 현상을 분석하여 의미 있
는 정보를 얻기 위해 무엇을 변수로 정해야 할지, 주어진 조건에
맞게 변수값의 변화를 어떻게 함수식이나 그래프로 표현할지, 함
수식을 통해 함수값을 어떻게 구할지, 함수식이나 함수값으로 현
상을 어떻게 설명하고 예측할지 등 이 모든 과정과 그 과정에서 필
요한 지식과 절차를 포함한 것이 함수의 개념이라고 할 수 있다.

　개념에 대한 이러한 관점은 학습을 사회적 실천으로 바라보는
상황주의 학습 연구에서 비롯되었다. 상황주의 관점은 학습과학
자들이 심층학습을 연구하는 과정에서 교수학습의 장면을 관찰
하고 분석하는 이론적 렌즈의 역할을 하였다. 학습과학자들은 학
습 환경을 교사와 학생의 상호작용을 포함하여 교실 속 사람과 사
람, 사람과 사물, 사람과 환경 등의 다양한 상호작용의 맥락을 상
황주의 관점으로 분석하였다. 그리고 이러한 연구를 통해 학습
경험의 생성 과정을 살펴보았다.

　상황주의는 사회적 실천에 관한 매우 포괄적인 이론적 배경[1]을

---

1 상황주의 관점의 이론적 배경으로는 Dewey의 프래그머티즘, 사회적 상
　호작용에 관한 사회인류학, 비고츠키 활동이론, 사회적 실제나 실천에 관

기반으로 하는 관점이다. 상황주의에서 시행하는 학습 연구는 학습 환경을 설계하거나 개발하는 것을 목적으로 하며, 학습자의 학습 경험에 실질적인 방법으로 접근한다. 상황주의 관점에서 지식은 일상생활에서 발생하는 다양한 상호작용을 통해 생성된다. 따라서 지식은 변화 가능하다는 특성이 있으며 지식이 작용하는 상황의 맥락에 의존한다. 지식에 대한 이러한 관점은 학습에 대한 관점으로 연결된다. 상황주의 관점에서 학습은 학습자가 자신을 둘러싼 세상에 대한 지식을 구성해 가는 것이며, 새로운 이해로 새로운 일을 하고 기능을 갖출 수 있도록 하는 것, 즉 참여 가능한 활동 영역이 확장되는 것을 의미한다.

앞에서 언급한 함수라는 개념도 사회적으로 합의한 정의와 표현법을 사용하여 변화하는 값을 가지고 현상을 분석하거나 앞을 예측하는 도구 중 하나이다. 수와 식을 사용하므로 수학이라는 학문의 탐구 방법을 사용하는 하나의 수학적 지식의 체계라고도 할 수 있다. 따라서 함수를 이해했다는 것은 현상을 관찰하고 분석하여 자신의 견해를 타당성 있게 만들어 주는 수학적 도구를 사용할 수 있게 되었다는 것이다. 이는 곧 함수라는 도구를 사용하는 활동에 참여가 가능해졌다는 것을 의미한다. 나아가 참여를 통해 다양한 맥락에서 자신만의 실천방식을 터득하고 함수라는 개념에 대한 이해를 더욱 깊게 만들 가능성을 내포하고 있다.

한 공동체주의 철학 등이 있다.

2) 개념 이해 학습

　개념에 관한 연구가 가장 활발한 교과는 과학과 수학 교과이다. 두 교과 모두 학습자 대부분이 학습에서 어려움을 겪으며, 교사들 역시 어떻게 가르쳐야 효과적으로 학습자에게 개념을 이해시킬 수 있는지에 대한 해법을 찾고자 노력했기 때문이다. 개념 변화의 초기 연구는 Piaget의 생물학적 연구와 Kuhn의 과학 진보에 대한 관점이 바탕이 되었다. 이후 1980년대 말까지 진행된 구성주의를 기반으로 한 개념 변화 및 오개념(misconceptions) 연구는 과학 교과를 중심으로 활발히 진행되었다.

　개념 변화 연구는 여러 가지 성과를 가져왔다. 우선 학습에 대한 인식을 변화시켰다. 학습자를 '빈 칠판'으로 비유하여 지식을 채워야 한다는 이전의 경험주의 관점에서 벗어나 환경과의 상호작용을 통해 세계에 대한 이해를 구축해 나간다는 구성주의 관점으로의 변화를 가져왔다. 또한 학습에서 양적인 문제 해결만을 강조해 온 전통적인 교육의 관행에서 벗어나 질적 이해와 설명을 강조하는 등 학습의 패러다임이 전환되는 시초를 마련하였다.

　이후 수학교육에서는 학습자의 개념 형성 과정과 관련된 연구가 진행되었다. 그 결과 다른 사람들과의 상호작용을 통해 개념이 형성되며, 개념 이해를 위한 학습이 지속적인 활동에 참여하면서 이루어진다는 주장을 뒷받침할 수 있는 근거가 마련되었다. 더불어 상황주의에서의 개념과 학습의 의미가 주목받게 되었다. 상황주의 관점에서 개념은 기억해야 할 정보나 실행해야 할 절차가 아닌 사회적 실천의 자원이다. 다시 말해, 공동체 활동에서 지식이 기능하는 방식이다. 따라서 개념 이해를 위한 학습이 이루어지려면 학습자는 적절한 지식이나 기능을 선택하고, 적용하고, 질문하고, 조정하는 주체성을 가진 개념적 행위자로 위치해야 한다.

개념과 개념 이해를 위한 학습을 연구한 Hall과 Greeno(2008)는 개념 이해를 위한 학습의 원칙을 다음과 같이 설명하였다.

- 개념은 개인이 공동체의 실천에 참여하면서 학습된다. 개념 이해를 위한 학습은 개인이 개념이 실천되는 공동체에서 관찰자, 부분적인 참여자, 중심적인 참여자로 점차 발전하는 과정에서 이루어지며, 그 과정에서 개인의 이해는 점차 깊어진다.
- 개념과 개념 이해를 위한 학습은 공동체 안에서 발생한다. 개념은 공동체 내에서 구성원들의 상호 이해와 실천방식의 변화 그리고 기술의 발전과 맞물려 변화한다. 따라서 개념은 공동체의 실천에 내재해 있으며 개념 이해를 위한 학습은 공동체의 실천을 통해 이루어진다.
- 개념이 하나의 공동체를 넘어 다른 공동체에서 실천되기 위해서는 그 개념이 기능하기를 원하는 공동체에서 적용하는 과정이 필요하다. 그리고 그 과정에서 개념을 이해하기 위한 학습이 발생한다.

3. 이해를 위한 교육과정의 설계

현대 사회는 다양한 분야에서 진행되는 수많은 연구를 통해 학문 및 기술이 급진적으로 발전하고 있다. 이에 따라 지식과 정보의 변화가 빠르고 그 양도 폭발적으로 증가하고 있다. 이러한 시대에 학교 교육에서 모든 지식과 정보를 다룬다는 것은 불가능하다. 이러한 교육적 문제에 대해 학문 중심 교육과정과 이해 중심 교육과정에서는 각기 다른 해법을 제시하였다.

'지식의 구조'를 중심으로 하는 학문 중심의 교육과정에서는 교과와 관련된 전문가들이 선정한 교과의 핵심 내용과 탐구 방법을 가르치는 방법을 제시하였다. 학문 중심 교육과정에서는 전문적인 내용을 학생이 알 수 있고, 기억하기 쉽고, 적용할 수 있도록 학생의 수준에 맞추어 제공한다. 그래서 학생들이 해당 학문의 전문 지식의 구조를 전문가가 탐구하는 것과 같이 학습하도록 한다. 하지만 이러한 학문 중심 교육과정은 고정된 지식을 학습하는 것에 초점을 두고 있어 새로운 지식을 창출하는 능력을 갖추는 교육, 학문의 정의적 특성에 대한 교육을 시행하기에 부족하다는 비판을 받았다.

이해 중심 교육과정은 지식과 정보를 관통하는 원리를 이해하여 실제 삶에 적용할 수 있는 교육을 강조하였다. 그렇다고 이해 중심 교육과정에서 지식을 학습하지 않는다는 것은 아니다. 지식을 어떻게 학습하느냐에 대한 관점이 학문 중심 교육과정과 다를 뿐이다. 이해 중심 교육과정에서는 지식의 일반성(generality)을 바탕으로 학습을 설계한다. 일반성은 추상성과는 다르다. 지식이 작동되고 적용되는 것은 모두 그 상황의 특정 맥락에서 이루어진다. 어느 상황이든 맥락에 상관없이 지식이 일률적으로 사용될 수는 없기 때문이다. 일반성은 그동안 다양한 맥락에서 지식의 사용 경험이 축적되면서 정제된 지식이 현재의 맥락에서 해당 지식의 의미를 재구성하면서 그 상황에 적합하게 사용되는 것을 의미한다. 정제된 지식으로서의 일반화된 지식(general knowledge)은 추상적 지식과 그 형태가 유사하다. 하지만 지식이 형성되거나 적용되어 작용할 때는 추상성이 아닌 일반성에 기반한다. 따라서 이해 중심 교육과정에서는 일반화된 지식을 학생들이 다양한 맥락에서 경험을 통해 이해하고 이를 자신의 삶에 적용할 수 있도록 하는 것이 교육의 목적이다.

　이해 중심 교육과정은 '하버드 프로젝트 제로(Harvard Project Zero)'에서 이해 증진을 위해 연구한 학습의 틀을 바탕으로 한다. 학습의 틀은 이해를 위한 가치 있는 주제, 학생들이 학습을 통해 이해해야 할 것, 이해를 촉진하는 방법, 학생의 이해를 평가하는 방법 등에 대한 질문을 중심으로 구성되어 있다. 비슷한 시기에 Wiggins와 McTighe(2005)는 『설계에 의한 이해』를 출판하여 이해 중심 교육과정의 설계 원리와 설계 모형을 제안한다. 이들이 제안한 설계 모형은 백워드 설계이다.

1) 백워드 설계: 이해를 위한 학습 설계 모형

전통적인 학교 수업은 학습 목표를 설정한 후 수업을 설계하고 마지막 단계에서 평가 계획을 수립한다. 하지만 백워드 설계 모형에서는 학습 목표가 설정되고 난 후 학습 목표를 학생이 어느 정도 도달했는지를 평가하는 방법을 먼저 계획하고, 계획한 평가에 학생들이 참여할 수 있도록 수업을 설계한다.

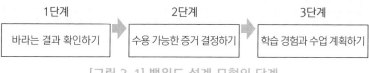

[그림 2-1] 백워드 설계 모형의 단계

백워드 설계 모형은 '바라는 결과 확인하기' '수용 가능한 증거 결정하기' '학습 경험과 수업 계획하기'의 세 단계를 거쳐 교육과정을 설계한다. 가장 먼저, 바라는 결과를 확인하는 단계에서는 학생들이 알고, 이해하고, 할 수 있는 목표를 수립한 후 선정된 목표에 따라 가치 있는 내용이 무엇인지 결정한다. 이 단계에서는 수립한 목표가 전이 가능한지, 관련 학문의 핵심을 내포하는지, 심층학습을 유도할 수 있는지, 목표와 관련된 지식과 기능이 타당한지를 설계의 기준으로 한다.

　두 번째, 수용 가능한 증거를 결정하는 단계에서는 전 단계에서 수립한 목표에 따른 학습의 결과가 바람직한지 확인하는 방안을 설계한다. 즉, 학생의 이해와 능숙함을 입증하기 위한 수행 과제를 개발하고, 이를 어떻게 평가할지에 대한 계획을 세운다. 이 단계에서는 수행 과제가 학생의 이해를 드러내기에 충분한지, 해당 수행 과제를 평가하기 위한 준거가 적절한지를 고려해야 한다. 이 단계에서는 앞의 고려사항을 기반으로 공정하고 타당하며 신뢰할 수 있는 평가를 계획해야 한다.

세 번째, 학습 경험과 수업 계획하기 단계에서는 교수 방법을 선택하고, 수업의 절차와 자원 그리고 자료 등을 구체적으로 설계한다. 이 단계에서는 수업 계획이 학생의 참여를 독려하고 효과적으로 학습이 이루어지기에 잘 조직되고 계열화되었는지, 학생의 탐구와 자기 평가를 독려할 수 있게 설계되었는지, 피드백의 시기와 방법을 적절하게 고려하였는지 여부를 숙고하여 수업을 설계해야 한다.

2) 가장 중요하게 이해해야 할 '빅 아이디어'

백워드 설계 모형의 목적은 학생들이 교과의 핵심적인 아이디어를 심층적으로 이해할 수 있는 학습을 유도하는 것이다. 따라서 이 설계 모형에서 가장 중요한 단계는 포괄적인 학습 목표를 수립하는 첫 단계이다. 이해할 만한 가치가 있는 가장 중요한 아이디어가 무엇인지, 주제와 관련된 사실과 기능들을 엮을 수 있는 핵심이 무엇인지, 전이를 가능하게 하는 아이디어가 무엇인지를 판단해야 하기 때문이다. 그런데 백워드 설계와 관련된 여러 연구 결과에 따르면 교사들이 가장 어려워하는 단계 역시 첫 단계이다. 바라는 결과를 확인하는 과정인 첫 단계에서는 이해를 위한 교육과정 설계 모델로서 백워드 설계에 내재되어 있는 철학 및 그 방향성이 가장 두드러진다. 이해의 의미와 학습에 대한 관점 그리고 교육과정 설계의 방향 및 원리에 대한 이해가 충분히 이루어지지 않은 상태에서 단순히 단계적 절차에 따라 교육과정을 설계하게 된다면 이전의 설계에서 순서만 변경되어 진행되었다고 오해하기 쉽다. 더불어 설계의 흐름이 부자연스럽거나 설계의 목적에 부합하지 않다고 느껴질 수 있다.

이해를 위한 학습은 기본적인 내용을 익혀 더 복잡하고 어려운 내용을 알아가는 단계형 형태가 아니다. 오히려 교과와 관련된 학문의 분야에서 오랫동안 연구되고 활용되어 온 중요하고 핵심적인 아이디어를 탐구하여 이해하는 형태의 심층학습을 말한다. 따라서 교과 학습을 위해 반드시 이해해야 하는 핵심적인 아이디어를 의미하는 '빅 아이디어'의 선정은 나머지 단계에서 이루어지는 평가와 수업 설계가 훌륭하게 이어질 수 있는지를 결정한다.

이해 중심 교육과정의 설계가 실제 학습에서 성공적으로 수행되기 위해서는 빅 아이디어를 신중하게 선정해야 한다. 빅 아이디어는 교과에서 가장 중요하게 다룰 가치가 있어야 하며 동시에 학습해야 할 내용을 잘 연결할 수 있어야 한다. 교과의 핵심인 빅 아이디어에 초점을 맞추어 평가와 수업이 일관성 있게 설계된다면 이 교육과정을 통해 학생들은 성공적인 이해가 이루어지는 학습을 할 수 있을 것이다.

Wiggins와 McTighe(2005)에 따르면 빅 아이디어는 애매한 추상적 개념이나 하나의 사실이 아니다. 빅 아이디어는 학습자가 단편적인 지식을 연결하고, 다양한 관점에서 의미 있게 사고할 수 있도록 돕는 개념적 도구이다. 빅 아이디어의 특징을 구체적으로 살펴보면 다음과 같다.

첫째, 빅 아이디어는 학습의 과정에 관점을 제공한다. 개념 학습에서는 학습자들이 새로운 아이디어를 이해하기 위해 기존의 이해와 연결하고, 제공되는 자료를 탐색하면서 자신의 이해를 재구성한다. 이 과정에서 빅 아이디어는 학습이 초점에 어긋나지 않도록 방향을 제시해 준다.

둘째, 빅 아이디어는 교과의 전문적인 이해의 핵심을 나타낸다. 빅 아이디어는 학습자가 교과의 핵심을 이해할 때까지 반복적으로 그리고 다양하게 학습할 수 있도록 유도하여 의미 있는 전이가 가능하게 한다. 따라서 여러 학년에 걸쳐 학습할 가치가 있으며 다양한 교과에서 함께 탐구할 수 있는 것이다.

셋째, 빅 아이디어는 교과의 중심이 되는 사실, 기능, 경험을 연결하고 조직할 수 있는 개념적 연결고리이다. 따라서 학생들은 빅 아이디어를 이해하기 위해 학습하는 동안 알게 된 모든 사실이나 익힌 절차들을 오랫동안 기억할 수 없다. 오히려 시간이 지나서 그것들을 잊더라도 몸에 밴 습관과 같이 영속적으로 남아 있는 이해의 대상을 빅 아이디어라고 한다.

마지막으로 빅 아이디어는 심층학습을 유발한다. 빅 아이디어는 학습자가 직관적으로 이해하기 어렵고, 그 의미나 가치가 명확하게 느껴지지 않아 잘못 이해하기 쉬운 특징을 가지고 있다. 따

라서 학습자가 학습의 주제를 학습하기 위해 빅 아이디어를 이해
하기 위한 다양한 전략을 세우고 수행하면서 자연스럽게 심층학
습을 유도한다.

3) 개념기반 교육과정: 지식의 구조와 과정의 구조를 통한 개념 이해 학습

개념기반 교육과정은 빅 아이디어에 대한 깊이 있는 학습을 통
해 학생들이 학습 주제를 개념적으로 이해할 수 있도록 평가와 수
업을 설계하는 교육과정이다. 개념기반의 수업에서는 자세히 관
찰하고, 비판적으로 사고하고, 지식과 개념 간 연결성을 파악하
고, 추론하고, 소통하면서 표현하는 등의 방법으로 빅 아이디어를
탐구한다. 결국 개념기반 교육과정의 교수 및 학습의 핵심은 지
성적 탐구이다.

Erickson, Lanning과 French(2019)의 저서 『생각하는 교실을 위
한 개념기반 교육과정 및 수업』을 통해 알 수 있는 개념기반 교육
과정의 가장 큰 특징은 사실, 기능, 개념을 기반으로 한 3차원적
설계 모형이라는 것이다. 전통적 학교 교육에서의 교육과정이 학
습자가 사실을 알고 기능을 익히는 것에 초점을 둔 2차원적 설계
의 형태라면, 개념기반 교육과정은 사실을 알고, 기능을 익히며,
개념적으로 이해하는 3차원적 설계의 형태이다. 3차원적으로 설
계된 교육과정과 수업은 사실과 기능이 개념적 수준에서 연결되
어 학생의 통합적인 사고를 유도한다. 이러한 통합적 사고는 사

실적 지식을 깊이 있게 사고할 수 있고 이를 자신의 삶과 관련지어 탐구할 수 있는 심층학습을 위한 중요한 도구이다.

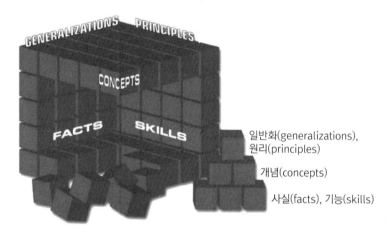

일반화(generalizations),
원리(principles)

개념(concepts)

사실(facts), 기능(skills)

[그림 2-2] 3차원 교육과정 설계 모형

출처: Erickson (2008).

개념기반 교육과정에서는 심층학습을 위한 방안으로 교과의 특성에 맞게 지식의 구조와 과정의 구조를 적절히 배합하여 교육과정을 설계한다. 지식의 구조는 사실적 내용과 이들의 관계를 나타낸 것으로 주로 사회, 과학과 같이 내용 지식이 많은 교과에서 사실에 대한 탐구학습을 진행할 때 반영된다. 과정의 구조는 지식의 구조와 위계가 유사하지만, 전략과 기능으로부터 시작하는 사고의 위계를 나타낸다. 언어, 예술, 체육과 같은 교과에서 기능과 전략을 학습할 때 주로 반영된다.

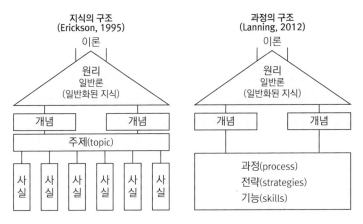

[그림 2-3] 지식의 구조와 과정의 구조

출처: Ericskson & Lanning (2014).

　개념기반 교육과정을 실천하는 방법은 귀납적 교수법과 탐구학
습이다. 귀납적 교수법은 원리나 일반화된 지식을 직접적으로 가
르치지 않고, 학생들이 주어진 정보를 스스로 분석하고, 사고하
고, 판단하여 원리를 발견하거나 추론하는 과정을 통해 일반화된
지식을 이해하도록 유도하는 교수 방법을 말한다. 귀납적 교수법
으로 진행되는 수업에서 교사는 학생들의 학습을 안내하고 도와
주는 조력자로서 역할을 한다.

　개념기반의 수업에서 학생은 일반화된 지식을 탐구하는 형태
의 학습을 한다. 교사는 학생들이 질문할 수 있는 도전적인 상황
을 개발하고 형성해야 한다. 더불어 탐구할 가치가 있는 현상을
관찰할 수 있도록 안내해야 한다. 탐구학습에서 학생들은 현상을
관찰하고, 관찰한 내용을 자신의 관점으로 설명할 수 있어야 하
며, 그 내용에 관한 자신의 의견이 타당함을 입증해야 한다. 이때

도출한 결론 및 그에 따른 자신의 주장을 뒷받침할 근거를 마련하는 활동도 탐구의 과정에 포함된다. 근거가 될 수 있는 데이터를 어떻게 수집할지 결정하고 시행하기, 모델을 설계하고 구축하기, 데이터를 분석하고 결론을 도출하기 등의 과정을 통해 얻은 근거를 바탕으로 설득력 있는 탐구 결과를 제시하는 것으로 학생들은 탐구학습에 참여한다.

결론적으로 개념기반 교육과정에서 교사는 실제 사례를 바탕으로 개념, 아이디어, 이론 및 사실을 끌어내는 과정을 귀납적 교수법으로 설계한다. 그리고 학생은 제시된 빅 아이디어를 이해하기 위해 다양한 정보를 스스로 찾고 이러한 정보를 처리하여 의미 있는 결론을 도출하는 탐구학습을 한다(IBO, 2020).

4. 개념탐구학습

이해를 위한 학습에서는 학습자의 이해가 완결된 상태가 아닌 성장의 과정으로 바라볼 필요가 있다. 따라서 학습의 상황을 면밀하게 살펴보면 개념탐구학습에 대해 더 잘 알 수 있다. 또한 학생이 어떻게 학습에 참여하는지를 살펴보게 되면 개념 이해를 통한 학습이 어떻게 이루어지는지 알 수 있다.

학습의 과정을 관찰할 때는 단순히 학습자나 교수자의 행동 그 자체만을 관찰하기보다는, 학습 경험이 이루어지는 환경으로서의 맥락을 중심으로 학습의 상황을 총체적으로 살펴볼 필요가 있다. 상황주의 학습과학 연구자들은 일상에서 나타나는 학습 상황을 총체적이면서도 미시적으로 관찰하고 분석한다. 학습자의 참여와 상호작용의 양상을 통해 나타난 개념탐구학습의 특징은 우리가 개념 학습을 이해하고, 개념 이해를 위한 교육과정을 설계하는 데 의미 있는 시사점을 제공한다.

1) 실천으로 하는 학습

탐구학습에서 학습자는 실천하면서 배운다. 일반적으로 학습의 결과를 나타낼 때 사용하는 '안다' 혹은 '이해한다'라는 표현은 외우거나, 가만히 앉아 골똘히 생각한 후 수용 가능하다고 판단한 것을 의미한다. 하지만 탐구학습에서의 '이해'는 단순히 머릿속에서 이루어지는 것이 아니라 실천을 통해 이루어진다. 앞에서도 언급했지만 탐구학습에서 나타나는 학습자의 깊은 이해는 이전의 지식과 연결되어 재구조화되는 과정을 거쳐 자신의 지식이 되는 것을 의미한다. 이러한 자기 지식화의 과정은 지식을 사용하는 실천 경험이 축적되는 과정을 말한다. 그렇다고 탐구학습이 활동을 강조하는 학습이라고 할 수는 없다. 제한된 조건에서 추상적으로 정제된 지식을 그대로 사용하는 활동은 학습자의 깊은 사고를 유발할 수 없으며, 분절된 여러 개의 활동을 하는 것 역시 개념을 이해하는 학습으로 적절하지 않기 때문이다. 비록 신체가 직접적으로 움직이는 활동이 있지 않더라도 목적이 분명하고 여러 사실과 기능들을 연결할 수 있는 사고를 할 수 있도록 맥락을 설계한 학습이라면 이는 탐구학습이라고 할 수 있다. 탐구학습에서 학습자는 사고 실험을 통해 지성적인 학습을 경험할 수 있으므로 개념 이해 학습이 이루어질 수 있다. 이때의 탐구학습은 곧 실천을 통한 학습이라고 할 수 있다.

Dewey(2011)에 따르면 사고는 우리가 하고자 하는 것과 이를 행동으로 옮겼을 때 발생하는 결과 사이의 연관성을 파악하는 것이다. 즉, 사고는 정보처리의 성격보다는 경험의 성격을 띠고 있다는 것이다. 듀이는 사고의 실천적 특성을 바탕으로 탐구의 과정을 설명했다. 사고는 문제를 해결하기 위한 탐구를 할 때, 해결책으로 제시할 수 있는 가설을 정확하고 일관성 있게 구체화하는 과정을 의미한다. 따라서 사고는 현재 일어나고 있는 일에 참여하는 것으로 시작하여 가설을 세우고, 행동하고, 나타난 결과를 바탕으로 행위와 결과의 연관성을 파악하는 일련의 과정이다.

사고는 지적인 요소가 포함된 경험을 통해 표면화될 수 있다. 탐구의 과정에서 확고한 근거와 그것이 가져올 결과에 비추어 적극적이고 지속적이며 세심하게 숙고하는 성찰적 사고의 경험은 사고의 질적 변화를 가져온다. 이러한 사고의 질적 변화를 가져오는 지성적 경험이 곧 심층학습이며, 동시에 실천으로서의 사고를 통한 학습이다. 결국 탐구학습은 실천적 사고를 바탕으로 한 학습이라는 특징을 가지고 있다.

2) 상호작용으로 이해하기

개념적 이해를 위한 학습은 실제 맥락에서의 탐구를 바탕으로
한다. 이는 개념이 사회적 실천에서 의사소통과 이해 그리고 추
론을 위한 자원이기 때문이다. 따라서 개념 이해를 위한 학습에
서는 환경과의 상호작용을 바탕으로 하는 실천이 필요하다. 여기
서 환경은 학습 상황에서의 모든 구성 요소를 망라한다. 교수자,
동료와 같은 사람을 비롯하여 학습해야 할 대상, 물리적 학습 도
구, 맥락 등 사물 및 무형의 것도 포함된다.

예를 들어, 통계를 주제로 수업을 한다고 할 때, 학생은 일상에
서 사용되는 통계의 생성 과정을 경험하고, 통계를 분석하고, 통
계의 결과를 바탕으로 현상을 설명하거나 자신의 의견을 전달하
는 과정을 경험할 수 있다. 이때 학생은 다양한 상호작용을 한다.
일반적으로 생각할 수 있는 범주는 탐구의 과정을 안내하거나 조
력하는 교사나 함께 탐구하고 의견을 주고받을 수 있는 친구들과
의 상호작용 등 주변인들과의 상호작용이다. 하지만 탐구학습에
서의 상호작용의 범주는 좀 더 포괄적이다. 통계를 생성하기 위
해 수집한 데이터, 데이터를 분석하기 위한 통계 도구, 분석 결과
를 효과적으로 나타내기 위한 그래프나 도표 등 통계를 경험할 때
접하는 다양한 대상과도 상호작용이 일어난다. 그래프를 사용한
다고 했을 때, 두각 시키고 싶은 내용을 잘 나타낼 수 있는 그래프
의 종류는 무엇인지 선택하고 사용하는 과정에서 상호작용이 나
타난다. 학생은 자신이 선택한 그래프의 표현 방법을 해당 그래

프를 사용했던 다른 결과물을 참고하여 익혀야 하고, 내가 표현하고 싶은 데이터 분석의 결과를 그 그래프로 나타내기 위해서 어떻게 해야 하는지를 그래프의 특징을 바탕으로 하여 표현하는 과정을 수행한다. 이렇듯 탐구의 과정은 다루는 대상과의 상호작용을 바탕으로 개념이 일반적으로 사용되는 과정의 경험을 의미한다.

지금까지 진행된 상황주의 관점의 여러 연구를 살펴보면 인간이 보고, 기억하고, 수를 세는 등의 대표적인 인지 활동조차 타인이나 사물과의 상호작용을 통한 실천임을 밝히고 있다. 이는 학습자의 지식이 사회에서 공유될 수 있는 상식적 지식이 되어야 하기 때문이다. 이해가 공유되는 문제는 사실을 밝히는 것과 같은 정보 공유의 성격보다는 행위를 통해 서로의 의미를 공유하면서 맥락을 조율하는 성격이 크다. 학생은 교사나 동료와 소통하면서 자신의 이해를 표현하고, 타인의 이해를 확인하고, 서로 간의 조율을 통해 자신의 이해를 상식적인 지식으로 조정해 나간다. 이러한 과정이 곧 개념 이해의 과정이며 탐구학습의 과정이라고 할 수 있다.

3) 참여를 통해 만들어 가는 나

새로운 개념은 특정 맥락에서 구체적이고 다양한 사례 그리고 삶의 맥락과 맞닿아 있는 실제적인 문제를 다루면서 일어나는 탐구 및 표현 경험을 통해 성취된다. 개념 이해 학습에서 말하는 이해는 이와 같은 경험을 통해 충분히 익힌 후 남은 것, 다시 말해 절차와 수행의 과정이 몸에 배어 있는 상태를 뜻하므로 체화된 수준의 이해와 의미가 같다.

　학습자가 실제 문제를 탐구하는 과정에 참여하면서 새로운 개념이 체화된 수준으로 이해되었다는 것은 쓰임새가 확장되었다는 것을 의미한다. 즉, 체화된 지식으로 인해 문제를 해결하는 도구와 방법이 확장되고 태도에도 변화가 생긴다. 이는 학습의 정서적 토대이자 참여를 통해 형성되는 학습자 '행위 주체성(student agency)'의 확장을 의미한다.

　학습자의 행위 주체성은 목표를 세우고, 변화에 영향을 미치기 위해 책임감 있게 행동하고 반성하는 능력으로, 성취를 위한 방법을 모색하는 것까지 포함하는 개념이다(OECD, 2019). 이는 과제를 수행하거나 문제를 해결하기 위해 적합한 도구를 선택하고 이를 실행해 나가면서 조율하는 개념탐구학습과 그 특성이 유사하다. 개념탐구학습에서 나타나는 학습자의 행위 주체성은 스스로 선정한 목적을 이루기 위해 탐구의 과정에 전략적으로 참여하는 형태로 나타난다. 이러한 행위 주체성은 학습이 이루어지는 전제조건이면서 동시에 학습을 진행하는 원동력으로 작용한다. 개념을 탐구하는 수업에서는 단순한 교과 지식 혹은 기능이 아니라 삶의 양태로서 지식, 기술, 태도 그리고 이들을 유기적으로 연결하여 맥락에 맞게 운용하는 가운데 학습자가 성장한다. 따라서 학습자 행위 주체성의 확장과 개념 이해를 위한 탐구 수업에서의 실천을 기반으로 한 이해의 확장은 학습자의 정체성에 변화를 가져온다.

참고문헌

Dewey, J. (2007). 민주주의와 교육. 이홍후 역. 교육과학사. (원서 1916년 출판).

Dewey, J. (2011). 하우 위 싱크: 과학적 사고의 방법과 교육. 정희욱 역. 학 이시습. (원서 1933년 출판).

Erickson, H. L. (2008). *Stirring the Head, Heart and Soul: Redefining Curriculum and Instruction.* Corwin.

Erickson, H. L., & Lanning, L. A. (2014). *Transitioning to Concept-Based Curriculum and Instruction: How to Bring Content and Process Together.* Corwin.

Erickson, H. L., Lanning, L. A., & French, R. (2019). 생각하는 교실을 위한 개념기반교육과정 및 수업. 온정덕, 윤지영 역. 학지사. (원서 2017년 출판).

Hall, R., & Greeno, J. G. (2008). Conceptual learning. In T. Good (Ed.), *21st Century Education: A Reference Handbook* (pp. 212–221). Sage.

IBO (2020). *Diploma Programme: From Principles into Practice.*

OECD (2019). *OECD Future of Education and Skills 2030 Concept Note: Anticipation-Action-Reflection Cycle for 2030.* OECD Publishing.

Sawyer, R. K. (2014). The new science of learning. In R. K. Sawyer (Ed.), *The Learning Science* (pp. 1–20). Cambridge University Press.

Wiggins, G., & McTighe, J. (2005). *Understanding by Design* (2nd ed.). Pearson Education. Inc.

今井むつみ (2017). 배움이란 무엇인가. 김수희 역. 에이케이커뮤니케이
선즈. (원서 2016년 출판).

제3장

개념탐구 과정으로서의
형성평가와 총괄평가

1. 탐구 과정으로서의 평가

흔히 '평가'라는 말을 들으면 대부분 떠올리는 것은 '점수' 혹은 '등급'일 것이다. 평가는 오랜 시간 동안 '학습의 결과'로서 학습자를 자리매김하고, 소위 말하는 '좋은' 학교에 진학하기 위한 수단이 되어 왔다. 하지만 치열한 학습의 일정 기간이 끝나면 언제 배웠느냐는 듯이 아무 것도 생각이 나지 않는 것은 많은 사람들이 이미 경험한 일이다. '학습의 결과'로서의 평가 또한 매우 가치 있고 중요한 역할을 하지만, 우리는 이제 그러한 평가에 치중하느라 놓치고 있던 중요한 부분인 학생들의 학습과 그 배움의 '과정'을 통한 '성장의 척도'로서의 평가에 주목해 보아야 한다. 그래야만 평가가 학생의 배움의 증거가 되고, 그 증거를 통해 발전 정도를 추적할 수 있으며, 나아가 더 높은 수준의 학습의 기회를 제공할 수 있기 때문이다.

평가는 많은 것을 의미할 수 있지만, 특히 학교 현장에서의 평가는 학생의 성취를 수집하고 평가하는 형성평가와 총괄평가로 나누어 생각해 볼 수 있다. 요즘 들어 '학습으로서의 평가'에 대한 관심이 높아지는 것은 매우 반가운 일이나, 이를 위해서는 학습의 내용과 평가가 일치해야 함에 주목해야 한다.

　IB(International Baccalaureate) 교육은 학생들이 평가를 통해 자기 효능감과 배움에의 주인의식을 강화할 수 있다는 비전을 가지고 있다. 물론 초등(Primary Years Programme: PYP), 중등(Middle Years Program: MYP), 고등(Diploma Programme: DP)의 과정에 걸쳐 각급 학교의 커리큘럼 목표 달성을 위한 평가에서 강조하는 부분과 균형을 요구하는 부분이 서로 조금씩 다르기는 하나, 기본적인 평가 원칙은 프로그램 간에 본질적으로 동일하다. IB 수업에서의 형성평가와 총괄평가는 교사와 학생 간에 생성되는 교육적 맥락 내에서의 연속적인 피드백 과정이며, 서로에게 더 나은 학습을 위한 정보를 제공하는 과정이라 말하고 있기 때문이다. 다시 말해, 이는 학습의 내용이 평가의 내용과 다르지 않고, 평가는 또 다시 학습에 영향을 준다는 말과도 통할 수 있다.

　교육적 맥락에서 학생과 교사가 함께 만들어 가는 탐구 과정이 평가로 이어지기 위해서는 학습의 내용과 평가를 일치시키고, 유의미한 피드백 과정을 통해 형성평가와 총괄평가가 학생의 개념탐구 과정이 될 수 있도록 단원을 설계해야 한다. 이러한 과정을 통해 학생 스스로 새로운 지식에 대한 '발견'과 그로부터의 '전이'를 이루어 낼 수 있도록 유도해야 한다. 또한 이것은 교사와 학생 모두에게 '성찰'의 수단이 되어, 이후 더 나은 학습에 영향을 끼칠 것이다.

2. 학습 내용과 평가의 일치

형성평가(formative assessment)는 교육과정 및 학습 내용에 포함
된 평가이며, 평가의 결과로부터 도출된 내용은 학생이 학습하는
데에 가장 도움이 될 수 있는 조치의 종류와 관련이 있다(Black &
Wiliam, 2018, p. 553). 형성평가는 학생들의 학습과 가장 직접적인
연관성이 있기 때문에 '학습을 위한 평가(assessment for learning)'
혹은 '학습 과정으로서의 평가(assessment as learning)'라고 불리기
도 한다. 이때 '평가'라는 용어로 인해 형성평가를 교육의 내용적
측면이 아닌 평가의 형식적 측면으로 접근하게 되는 오류를 범하
기 쉽다. 그러나 형성평가는 학습의 모든 과정에서 일어나는 것
이며 이는 곧 학습의 내용이라고 말할 수 있다. 형성평가는 학생
의 학습 과정을 지속적으로 관찰하여, 학습을 증진시킬 수 있는
기회를 발견하고 그것을 위해 유용한 피드백을 제공하기 위한 학
습 과정이다. 다시 말해 형성평가는 학생의 학습 정도를 추론해
내고 그다음 나아갈 길을 모색하는 과정인 것이다.

IB에 따르면, 형성평가에는 세 가지 핵심 요소가 있는데, '과제'
'관찰 및 대화' 그리고 '추론'이 그것이다. 이때 말하는 '과제'란 수
업 중 일어나는 활동이나 그것을 유도해 내기 위한 질문이라 할
수 있다. 이 과정에서 학생의 학습 과정에서 일어나는 모든 변화
를 '관찰'하고, '대화'를 통해 학생의 학습 발전 정도를 확인하는
것이다. '대화'는 수업 중 발생하는 모든 형태의 소통을 말하며,
쉽게 말해 강의, 질의응답, 학습 활동 및 과제에 대한 구두 혹은

서면 피드백 등을 떠올릴 수 있다. 교사는 세밀한 관찰과 대화를 통해 학생의 학습 과정을 평가하고, 평가 결과로부터 학생의 발전 정도와 학습에서 필요한 것들을 추론해 내야 한다. 이때 주의해야 할 것은 형성평가에서 관찰되는 것은 단순히 학생의 답변이나 학습의 결과물이 아니라는 것이다. 교사는 이 과정에서 학생의 학습 전략 및 답안을 생성하기 위한 단계와 같은 학습 과정을 면밀히 관찰해야 한다. 또한 이러한 관찰을 통해 의미 있고 공정한 평가를 만들기 위한 양질의 형성평가를 설계하고, 그 결과를 해석하는 데 있어서 균형을 갖추는 것은 매우 중요하다. 이 모든 이 과정은 학습과 별도로 일어나는 것이 아니라, 학생의 학습 경험 및 탐구 과정에서 동시에 일어나며, 이 과정에서 일어난 모든 형성평

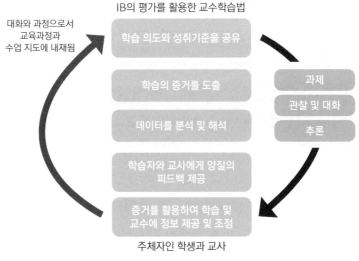

[그림 3-1] 평가를 활용한 교수학습법 모델

출처: IBO (2023).

가는 추후 총괄평가에 그대로 반영되어야 한다.

　IB의 DP '언어 A: 언어와 문학' 시간에서 학생의 탐구 과정에서 동시에 이루어지는 형성평가의 예를 들어 보자. 이 과목에서 대단원의 큰 틀을 형성하는 세 가지 탐구 영역(탐구 영역 1: 독자, 작가 그리고 텍스트, 탐구 영역 2: 시간과 공간, 탐구 영역 3: 상호텍스트성) 중의 하나인 '탐구 영역 1: 독자, 작가 그리고 텍스트'에서 학생들은 도시 공간에서 벌어지는 일상적인 폭력과 그에 맞서 살아가는 사람들의 삶의 의지와 사랑을 그린 장편소설인 황정은 작가의 『백의 그림자』를 문학 텍스트로서 학습한다. 소설의 주제 의식 및 내용, 작가의 가치관과 문학적 기법 등을 7개의 개념(정체성, 문화, 창의성, 의사소통, 관점, 변형, 재현)을 중심으로 폭넓게 자기주도적으로 탐구하는 것은 교육과정의 내용이고, 학생들의 학습의 내용이 된다. [그림 3-2]의 개념질문들은 이러한 학습 여정의 하나의 보기이며, 이 질문들에 대해 주어진 형식에 맞게 자신의 생각을 말할 수 있는 것은 이 단원을 마치고 달성해야 할 일종의 목표라 할 수 있다.

1. 정체성

텍스트에서의 특정 인물 혹은 특정 집단의 정체성이 표현되는 방식 또는 텍스트와 작가의 정체성 관계

Q. 사회 집단은 텍스트에서 어떻게 그리고 왜 특정한 방식으로 표현되는가?

Q. 황정은의 소설 『백의 그림자』에서 작가는 사회 계층의 어떤 문제를 보여 주며, 그것이 주제에 미치는 영향은 무엇인가?

2. 문화

특정 장소, 제도 또는 집단의 문화가 표현되는 방식 또는 텍스트와 작가의 정체성 관계에 대한 관심

Q. 소설 『백의 그림자』의 등장인물을 얼마나 효과적으로 그들이 사는 시대와 장소적 배경을 그려 내는가?

3. 창의성

개별 인물 또는 집단의 창의성 혹은 창의성의 결여, 작가의 창의성이 텍스트에 반영된 방법 등에 대한 관심

Q. 소설 『백의 그림자』에서 사용된 서술 방법은 작가가 주제를 효과적으로 전달하는 데에 어떻게 기여하는가?

4. 의사소통

텍스트의 의사소통 기능 또는 의사소통의 실패, 텍스트 자체의 의사소통 행위를 드러내는 방식에 대한 관심

Q. 황정은은 『백의 그림자』에서 사랑에 대한 관점을 얼마나 효과적인 방법으로 전달하는가?

5. 변형

텍스트의 변형 또는 상호텍스트에 대한 관심, 독자의 정체성, 관계, 목표, 가치관 및 신념에 미치는 상호텍스트에 대한 관심

Q. 심층보도 시사기획 창 〈세운상가, 도시 재생을 묻다〉는 어떤 방식으로 독자들이 황정은의 『백의 그림자』를 다른 방식으로 읽게 하는가?

6. 관점

텍스트가 제시하는 특정 관점 또는 관점들의 재현, 텍스트가 작가의 관점을 형상화하는 방식에 대한 관심

Q. 황정은의 소설 『백의 그림자』에서 그림자라는 상징적 소재를 사용하여 어떻게 현실적인 절망에 부딪힌 사람들의 불안을 형상화하는가?

7. 재현

문학과 현실의 관련성, 현실을 반영하는 문학, 문학이 현실을 대변해야 하는 책임 등에 대한 관심

Q. 소설 『백의 그림자』는 도시 개발에서 소외된 사람들을 어떻게 유형화하는가?

[그림 3-2] IB의 DP '언어 A: 언어와 문학' 개념탐구 질문 예시

　그 과정을 이루는 방법으로 분석하며 읽기, 마인드맵 등을 이용하여 작품의 내용을 분석하고 그 특징을 파악하기, 내용 및 기법에 대한 그룹 토의하기, 개념기반 질문에 대해 작품의 내용을 인용하여 증명하며 답하기 등의 학습 활동을 통해 스스로 '독자, 작가 그리고 텍스트'를 탐구하며, 그 경험을 통해 학습 내용을 생성해 낸다. 이 모든 과정에는 교사와의 피드백이 포함되어 있다. 학생은 학습 과정에서 주어지는 과제 해결하고, 교사와 학생은 이 과정 중 다양한 형태의 소통(대화)을 통해 학습을 경험한다. 교사는 학생과 매우 밀접한 거리를 유지하며 학생의 탐구 과정을 면밀히 관찰하고, 지속적인 피드백 과정을 통해 학생의 학습 수준을 파악하고, 필요한 부분을 자극하며 부족한 부분을 보충하면서 학생이 학습의 정도를 추론한다. 별도로 '만들어 낸 평가'가 없었다 하더라도 교사와 학생, 학생과 동료학생 간에 일어난 구술 및 서면 피드백은 형성평가로서 중요한 학습 자료가 된다. 교사는 이 과정을 통해 학생의 학습 수준 및 목표 도달 현황을 면밀히 파악할 수가 있다. 또한 이로부터 얻은 정보는 교육과정 및 내용을 구성하는 데에 반영되어, 학습자가 보다 더 학습 목표에 가까이 도달할 수 있도록 유도할 수 있게 한다.

☆질문☆

4) '정전'은 당황스럽고, 불안하고, 급박한 감정이 극대화되는 가장 대표적인 위험 상황입니다. 이 장면을 통해 은교와 무재의 어떠한 특징들이 강조되고 있나요?
● 어둠 → 시간의 흐름과의 단절. 마치 암실에 갇힌 사람들을 관찰하는 것 같은 느낌.

5) 은교가 대형마트와 오무사를 비교·대조하는 대목을 통해 작가는 어떠한 주제 또는 의미를 표현하려고 하였나요?
● 오무사 : 오래된 사람, 오래된 가게, 오래된 전구를 파는 공간(오무사의 주인 할아버지의 따스함, 배려 → 오무사 주인뿐 아니라 전자상가의 사람들의 모습..)
● 1+1 등 베푸는 것이 오히려 더 계산적인 수법으로 다가오는 대형마트와 대조됨.
● 사람을 대하는 태도에서의 차이.

6) 무재가 노래하는 것, 특히 슬픈 노래를 좋아하는 특별한 이유가 있을지 추론하여 봅시다.
● 노래의 지배적인 정서 = "외로운", "혼자남았네"
● 노래가 너무 외로워서 목이 맴. 노래 가사 → 마치 그림자를 따라가는 사람들. 아무도 같이 가주지 않음.
● "노래할까요" → 연대의식 강조

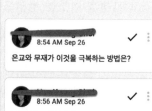

8:54 AM Sep 26
은교와 무재가 이것을 극복하는 방법은?

8:56 AM Sep 26
그렇다면 오무사와 같은 상점이 없어진다는 것은 무슨 의미일까요?
오무사에 쌓인 수많은 오래된 전구들, 주인만이 찾을 수 있는 켜켜히 쌓인 물건들은 무엇을 알려주기 위해 묘사된 것일까요?

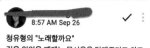

8:57 AM Sep 26
청유형의 "노래할까요"
길을 잃었을 때에는 무서움을 달래주기도 하고, 이 작품의 말미에서는 또 다른 의미를 갖기도 하지요. 생각해봅시다.

[그림 3-3] IB의 DP '언어 A: 언어와 문학' 텍스트 탐구 예시

교사가 항상 떠올려야 하는 것은 이러한 학습 과정에서 고려해야 할 다섯 가지 핵심 전략이다(Wiliam, 2011). 교사들은 학생들이 무엇을 배우고, 무엇을 학생들에게 전달하려고 하는지 학습 목표를 명확히 해야 한다. 학생들이 수업에서 무엇을 배우고 있는지, 의도한 목표의 방향으로 가고 있는지 점검하고 증거를 수집하기 위해 토론, 퀴즈 등과 같은 다양한 방법을 시도해야 한다. 이 과정에서 학습 과정으로서의 형성평가의 가장 핵심 포인트인 구체적이고 시기적절한 피드백을 제공하기 위해 교사는 앞서 수집한 증거들을 유의미하게 사용해야 할 것이다. 또한 모든 학습 과정에서 학생들이 서로 돕고, 동료 피드백을 통해 교실 구성원 스스로가 교육 자원이 될 수 있도록 유도한다. 더 나아가 학생들이 자기

학습에 스스로 책임을 지고, 자신의 학습 목표를 설정하고 스스로
의 학습을 관찰하고 감시할 수 있는 '학습 소유자'로 성장할 수 있
도록 자극해야 한다.

　이러한 형성평가는 이 탐구 영역의 '학습에 대한 평가, 학습의
평가'인 '총괄평가'로 이어지는데, 그 총괄평가 또한 학습 내용과
다르지 않다. 이 탐구 영역의 총괄평가는 주어진 개념기반 질문
을 해결하는 작품 분석 에세이 혹은 학생 스스로 찾은 '탐구 질문'
에 대한 답을 찾아가는 과정인 개인구술평가 및 에세이로 이루어
질 수 있다.

　다음은 '언어 A: 언어와 문학' 과목에서의 총괄평가 중 하나인
시험 2(Paper 2: 문학 비교·대조 분석 에세이)에 대한 학생 답안 중
일부이다. 이 학생은 텍스트 학습이 끝난 후, "등장인물의 정체성
은 어떻게 도전받거나 변화하는지 여러분이 공부한 두 작품을 바
탕으로 논하시오."라는 질문에 대해 [그림 3-4]와 같이 서술하였
다. 이 평가에서 학생은 텍스트에 대한 지식과 이해, 텍스트에 사
용된 언어, 기법, 문체 및 그 외 작가가 선택한 장치가 의미를 형
성하는 데에 어떠한 영향을 미쳤는지에 대한 비판적 분석 및 평
가, 균형 있는 아이디어의 구성 그리고 정확하고 적절한 언어의
사용을 통해 학습한 두 텍스트 간의 비교 및 분석력을 드러내야
한다. 그러나 이 평가는 새로운 형태의 총괄평가가 아니라 수업
시간에 이루어진 형성평가, 즉 학습 과정을 통해 충분히 스스로
지식을 형성하고 새로운 지식으로 전이한 것의 결과물이라 할 수
있다.

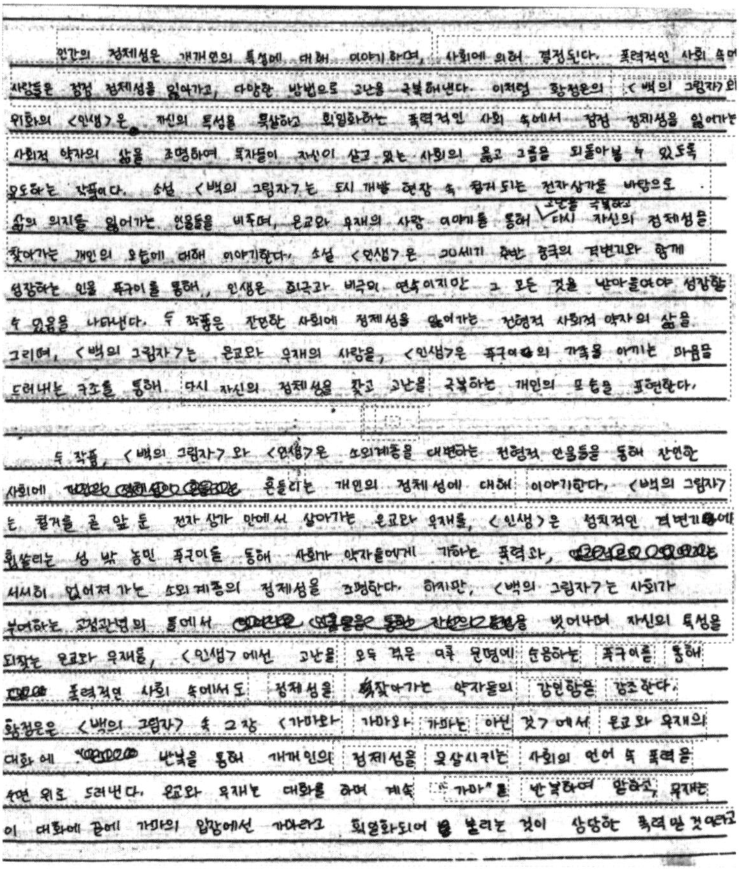

인간의 정체성은 개개인의 특성에 대해 이야기하며, 사회에 의해 결정된다. 폭력적인 사회 속에 사람들은 점점 정체성을 잃어가고, 다양한 방법으로 고난을 극복해낸다. 이처럼 황정은의 <백의 그림자>와 위화의 <인생>은 자신의 특성을 묵살하고 획일화하는 폭력적인 사회 속에서 점점 정체성을 잃어가는 사회적 약자의 삶을 조명하여 독자들이 자신이 살고 있는 사회의 옳고 그름을 되돌아볼 수 있도록 유도하는 작품이다. 소설 <백의 그림자>는 도시 개발 현장 속 철거되는 전자상가를 바탕으로 삶의 의지를 잃어가는 인물들을 비추며, 은교와 무재의 사랑 이야기를 통해 고난을 극복하고 다시 자신의 정체성을 찾아가는 개인의 모습에 대해 이야기한다. 소설 <인생>은 20세기 후반 중국의 격변기와 함께 성장하는 인물 푸구이를 통해, 인생은 희극과 비극의 연속이지만 그 모든 것을 받아들여야 성장할 수 있음을 나타낸다. 두 작품은 잔인한 사회에 정체성을 잃어가는 전형적 사회적 약자의 삶을 그리며, <백의 그림자>는 은교와 무재의 사랑을, <인생>은 푸구이의 가족을 아끼는 마음을 드러내는 구조를 통해 다시 자신의 정체성을 찾고 고난을 극복하는 개인의 모습을 표현한다.

두 작품, <백의 그림자>와 <인생>은 소외계층을 대변하는 전형적 인물들을 통해 잔인한 사회에 흔들리는 개인의 정체성에 대해 이야기한다. <백의 그림자>는 철거를 곧 앞둔 전자 상가 안에서 살아가는 은교와 무재를, <인생>은 정치적인 격변기에 휩쓸리는 성 밖 농민 푸구이를 통해 사회가 약자들에게 가하는 폭력과, 서서히 없어져 가는 소외 계층의 정체성을 조명한다. 하지만, <백의 그림자>는 사회가 부여하는 고정관념의 틀에서 벗어나며 자신의 특성을 되찾는 은교와 무재를, <인생>에선 고난을 모두 겪은 뒤 운명에 순응하는 푸구이를 통해 폭력적인 사회 속에서도 정체성을 찾아가는 약자들의 강인함을 강조한다. 황정은은 <백의 그림자> 속 그 장 <가마와 가마와 가마는 아닌 것>에서 은교와 무재의 대화에 반복을 통해 개개인의 정체성을 묵살시키는 사회의 언어 속 폭력을 수면 위로 드러낸다. 은교와 무재는 대화를 하며 계속 "가마"를 반복하여 말하고, 무재는 이 대화에 끝에 가마의 입장에선 가마라고 획일화되어 불리는 것이 상당한 폭력일 것이라고

[그림 3-4] IB의 DP '언어 A: 언어와 문학'
시험 2(Paper 2) 문학 비교 · 대조 분석 에세이 예시 중 일부

이 과정에서도 교사와 학생, 학생 집단 사이에는 지속적인 피드백이 일어난다. 결과물인 에세이 자체도 학습의 결과를 증명하는 좋은 평가이지만, 학생이 진정한 배움은 이 글을 완성하는 과정에서도 일어난다 해도 과언이 아니다. 이 총괄평과 이후에는 이 평가에 대한 교사와의 피드백 과정이 또 한 번 주어질 것이다. 총괄

평가가 피드백 과정의 종료라고 생각한다면 큰 오산이다.

만약 '에세이 쓰기'라는 총괄평가를 계획했다면 그 학습의 모든 과정은 [그림 3-5]와 같을 수 있다.

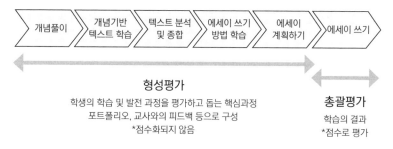

[그림 3-5] '언어 A: 언어와 문학'의 문학 수업 구성

학생은 단원 학습 내용 및 형성평가에서 이 총괄평가를 위한 학습 경험을 충분히 쌓았고, 총괄평가는 이 학습이 잘 이루어졌는지 최종적으로 평가하는 역할을 하는 것이다. 교실에서 이루어진 학습과 그 내용이 마지막 최종 평가의 내용과 다르지 않다. 이러한 흐름은 학생이 평가의 내용 및 과정 그리고 결과에 대한 높은 신뢰도를 갖게 하는 데에도 이바지한다.

3. 유용한 피드백 및 피드포워드의 생성

평가가 그 목적에 부합할 때에 그 평가가 효과적이라 할 수 있을 것이고, 그 효과를 높이는 주요한 방법 중의 하나는 학생과 교사 모두에게 유용한 피드백(feedback)을 생성하는 것이다. 학생의 개념탐구 과정을 안내하고, 돕는 것에 있어서 가장 큰 역할을 하는 것은 피드백이다. 일반적으로 효과적인 추론과 피드백은 실행 가능한 것, 시기적절한 것, 구체적인 것, 미래를 예측할 수 있는 것, 평가의 정서적인 측면을 고려하는 것, 학생의 발전을 자극하면서 그와 관련이 깊으며, 그 학생에게 초점을 둔(개인화된) 것이라고 한다. 요즘 들어 피드백보다 더 주목을 받는 것은 피드포워드(feedforward)이다. 피드백이 학습자의 '현재의 위치', 다시 말해 '현재의 성취 수준'을 알려 준다면, 피드포워드는 '다음에 가야 할 곳' 및 '그 곳에 도달하는 방법'을 알려 준다. 피드백이 이미 학생이 성취한 과거에 대한 조언이라면, 피드포워드는 시의 적절하게 제공될 경우 미래 지향적인 특징을 띤다. 피드백을 통해 과거 학습에서의 강점 및 약점을 파악하고, 부족했던 이해를 돕고, 피드포워드를 통해 학습자에게 다가오는 관련 과제에서의 성과를 개선하기 위한 지침을 제공하고 학생 스스로 그것을 설계하고 실행할 수 있도록 돕는 것이다.

　IB 교실이 IB 교실다울 수 있는 가장 핵심적인 요소는 바로 이러한 피드백/피드포워드일 것이다. 이때 주의해야 할 점은 학생의 학습 및 과제에 대한 질적인 수준에 대한 평가가 그 내용이 되어서는 안 된다는 것이다. 학습 및 과제에 대한 기대되는 '답'을 알려 주는 것 또한 피드백이라 할 수 없다. 학생 스스로 피드백과 동료 평가를 통해 자신의 학습을 평가하고, 그 평가의 결과를 바탕으로 자신의 탐구학습을 수정하고 보충해 나가는 '학습 과정'으로서의 피드백이 될 때에 유용한 학습 경험으로서의 피드백이 될 수 있다. 특히 '대화'를 통한 상호작용으로서의 피드백은 매우 중요하다. 이러한 피드백이 효과적이려면 교사와 학생 모두 능동적으로 서로의 의견을 경청해야 한다. 교사는 학생에게 학습한 내용의 근거를 제시하고, 그것을 정당화 및 분석하며 평가할 것을 요구하는 '질문'의 형식으로 피드백을 제공하는 것이 좋다(Carless, 2015). 학생은 이러한 과정을 통해 자기주도적으로 피드백의 내용을 분석하고, 교사는 이를 관찰하며 학생들에 대한 이해를 더욱 높일 수 있다.

　이러한 과정에서 때로 교사가 망설이게 되는 것 중 하나가 부정적인 피드백이다. 비록 모두가 부정적인 피드백보다 긍정적인 피드백을 선호하는 경향을 가지고 있다고는 하지만, 부정적인 피드백이 항상 과제에 대한 본질적인 동기를 저하시키는 것은 아니다(Fong et al., 2019). 교사가 학생에게 보충하거나 수정해야 할 구체적인 정보와 개선할 방향을 제시하고, 규범이 아닌 준거에 기반하여 다른 학생과 비교하지 않고, 피드백의 내용을 개인적으로 전달했을 때에는 학생의 본질적인 학습 동기에 긍정적인 영향을 미칠 수도 있다.

　학생의 주도적 학습을 더욱 강화할 수 있는 것은 동료 평가라 할 수 있는데, 동료 평가와 피드백에는 [그림 3-6]과 같은 네 가지의 필수 요소가 있다. 학생들은 동료 평가를 통해 평가 과정 그 자체를 학습의 과정으로 경험할 수 있다. 이는 더 나아가 자신의 과제에도 종합적인 판단을 내릴 수 있는 능력을 개발하는 것으로 이어질 것이다.

> **과제 준수**
> 답안이 과제 설명에 명시된 과제의 기본 요구 사항을 준수하는가?
> 즉, 답안이 과제에서 기대되는 형식과 구조를 갖추고 있는가?

> **전체적인 과제의 질**
> 답안이 의도한 목적을 얼마나 성취했는가?

> **개별 평가 기준**
> 판단을 내리게 된 근거는 무엇인가?
> • 총제적인 판단: 가치 평가를 뒷받침하기 위해 어떤 평가 기준이 사용되고 있는가?
> • 사전 설정된 평가 기준의 사용: 어떤 평가 기준에서 과제가 잘 수행되었으며, 어떤 평가 기준에서 더 향상될 수 있는가?

> **권장사항**
> 전체적인 답안 또는 답안의 특정 평가 기준이나 측면에서 과제가 어떻게 개선될 수 있는가?

[그림 3-6] 평가적 판단: 교우 간 상호 평가와
피드백을 위한 네 가지 필수 요소

출처: IBO (2023).

학생은 자신의 탐구 과정을 보여 주는 과제가 과제의 필수 요건에 부합되는지, 과제의 형식 및 구성이 과제의 요구 조건에 맞는지와 같은 '적합성'에 대한 피드백을 받아야 한다. 또한 전체적으로 의도된 목적을 달성하고 있는지, 그와 같이 평가한 구체적인 이유에 대한 피드백을 통해 다음 단계로 발전할 수 있어야 하며, 구체적으로 어떤 면을 강화하거나, 수정하거나 보강해야 하는지에 대한 도움을 받을 수 있다. 학습 내용 및 과제의 성격에 따라 피드백을 위한 '평가 기준(rubrics)'을 만들어 동료 평가 및 자기 평가에 이용하면 이 과정이 더욱 유의미할 것이다.

총괄평가가 학생의 학습 성취도나 역량을 파악하는 데에 그 목적이 있다면, 형성평가는 학생의 탐구 과정에 있어서 그다음 단계에 대한 도움에 초점이 있다. 교사와 학습자 모두가 학습의 진행 과정이나 현재의 도달 수준을 파악하여 학습 목표에 도달하기 위해 '협업'하는 방법은 형성평가 과정에서의 유용한 피드백/피드포워드의 생성이다.

4. 개념탐구 과정으로서의 형성평가와 총괄평가

앞서 논의한 학습 내용과 평가의 일치의 중요성 및 유용한 피드백의 생성에 관한 내용은 모두 학생의 '탐구 과정'에 관한 논의와 다름이 없다. 과목과 학습 목표 및 평가의 종류를 막론하고, 모든 학습의 과정은 학생의 탐구 과정이 되어야 하고, 그 탐구 과정의 경로에서 일어나는 모든 것이 '형성평가'가 되고, 그를 통한 모든 학습에 대한 평가가 '총괄평가'인 것이다. 따라서 학생의 탐구 과정 중 하나의 단계가 '총괄평가'가 되는 것이다. 이 과정을 '언어 A: 언어와 문학' 과목에서의 한 탐구 영역을 예로 들어 정리해 본다면 [그림 3-7]과 같다.

개념탐구
- 세 가지 탐구 영역 전체에 걸쳐 텍스트 학습을 구성하고 방향을 제시
- 영역 간의 연속성이 유지되는 데 중요한 역할
- 텍스트 간의 연관성이 확립, 이를 통해 학생은 자신이 공부한 텍스트 간의 연관성을 더욱 쉽게 파악
- 그룹 토의 및 프리젠테이션 등 + 교사 및 동료 피드백
- 탐구 과정을 학습자 포트폴리오에 기록

개념기반 텍스트 접근
- 텍스트를 바라보는 보다 넓고 다양한 시간 함양
- 개념기반 질문을 통한 읽기 전 배경지식 활성화 및 비판적인 시간으로 읽기 준비
- 읽기 전 활동
- 그룹 토의, 성찰 기록, 질문지 작성 등 + 동료 및 교사 피드백
- 탐구 과정을 학습자 포트폴리오에 기록

텍스트 탐구
- 텍스트의 주제 의식 및 작가의 가치관 분석
- 전달 효과를 높이기 위한 문학적 장치 및 기법
- 텍스트에 담긴 시간적 · 공간적 · 사회적 배경 탐구
- 주요 인물 및 갈등 관계 파악
- 주요 개념이 텍스트에 어떻게 적용되고 드러나는지 탐구
- 마인드맵, 짧은 분석 에세이, 질문 만들기, 그룹 토의, 개인 발표 등 + 교사 및 동료 피드백
- 탐구 과정을 학습자 포트폴리오에 기록

개인 탐구 주제 선정
- 다양한 관점에서 텍스트 탐구
- 학습자 포트폴리오를 바탕으로 탐구 주제 선정
- 주요 개념을 바탕으로 탐구 질문 만들기
- 그룹 토의 및 프리젠테이션 등 + 교사 및 동료 피드백
- 학습자 포트폴리오에 기록

에세이 계획하기
- 탐구 질문에 답을 구하는 에세이 쓰기 설계
- 텍스트의 내용을 기반으로 탐구 질문에 대한 자신의 주장을 논리적으로 계획
- 에세이의 형식 학습
- 과정 피드백
- 학습자 포트폴리오에 기록

에세이 쓰기
- 탐구 질문에 대한 자신의 생각을 비판적이고 논리적으로 전개
- 탐구 과정의 결정체로서의 에세이 쓰기
- 긴 시간에 걸친 탐구, 계획, 쓰기, 고쳐 쓰기의 과정
- 독립적 · 비판적 · 창의적인 독자, 사고하는 사람, 글을 쓰는 사람으로 성장

피드백 및 성찰
- 에세이 결과물에 대한 피드백
- 탐구 과정에 대한 성찰
- 다음 학습으로의 전이

[그림 3-7] '언어 A: 언어와 문학'의 탐구 과정 예시

[그림 3-7]의 '개념탐구-개념기반 텍스트 접근-텍스트 탐구-개인 탐구 주제 선정-에세이 계획하기'의 모든 과정은 이 탐구 영역 학습에서의 형성평가 과정이라 할 수 있다. 이 과정은 학생이 자신의 학습을 확인하고, 발전시키는 기회임과 동시에 교사가 학생의 학습 수준과 필요를 파악할 수 있기 때문이다. 마지막 '에세이 쓰기' 단계가 '학습의 평가'인 총괄평가가 되는 것이고, 이 또한 평가 결과에 대한 피드백으로 다음 학습에 도움을 줄 수 있을 것이다. 이 전체의 과정이 학생의 개념탐구 과정이며 이는 형성평가와 총괄평가로 구성되어 있는 것이다.

이때 '텍스트의 탐구'에서 '개인 탐구 주제 선정' 단계의 사이에는 '연습으로서의 형성평가'와 '비계 설정으로서의 형성평가'가 이루어진다. DP 교실에서 흔히 볼 수 있는 형성평가는 '연습'으로서의 형성평가라 할 수 있는데, 이것은 IB 총괄평가의 성취기준에 기반하여 피드백을 제공하고, 학생들이 개별적인 학습 목표에서 '얼마나 멀리' 있는지를 측정하는 데에 매우 유용하다(IBO, 2023). 흔히 연습 문제, 연습용 에세이, 모의시험 및 부담감이 높은 총괄평가의 항목이나 문제를 모방한 형태로 이루어지지만, 이는 형성평가의 도구로서는 한계가 있다. 따라서 학습자가 자신이 이해한 내용을 새롭고 익숙하지 않은 맥락에도 적용할 수 있도록 평가의 방법을 다양화할 필요가 있다. IB에서는 학습 및 평가가 복잡하고 확장된 과제일 경우가 많기 때문에 때로는 학습의 단계를 여럿으로 나누어 이를 다양한 형성평가 활동으로 나누는 경우도 있다. 이와 같은 경우는 복잡한 총괄평가에 필요한 각 단계를 세분

화해서 학습하여 필요한 기능을 갖추는 데에는 효과적이다. 하지만 결국에는 종합적인 사고를 이끌어 내는 데에 그 목적이 있는 것이지, 각 단계를 종합하여 커다란 과제를 형성하는 데에 목적이 있는 것이 아님을 기억해야 한다. 따라서 형성평가의 과정이 진정한 개념탐구의 과정이 될 수 있도록 사실과 지식을 주어진 그 자체로서만 습득하는 것이 아닌, 새로운 상황에 적용하고, 학습자 스스로 지식을 전이할 수 있도록 다양한 개념질문을 통해 끊임없이 고차원적인 사고를 유도하는 형성평가를 설계해야 한다.

다음은 '언어 A: 언어와 문학' 과목에서 학생의 사실적 이해를 개념적 이해로 이끌어 보다 복합적이고 깊은 사고를 할 수 있도록 유도하는 개념질문의 예시이다. 이러한 질문들은 학생들이 수업시간에 학습한 지식과 개념을 조직화하고, 서로 연계하여 이를 새롭거나 익숙하지 않은 맥락에까지 적용하는 능력을 갖추게 하고, 그러한 평가에 준비할 수 있도록 도움을 준다. 개념적 질문에는 그 범위가 없으나 IB에서 제시하는 일곱 가지 주요 개념에 초점을 두었다.

- 정체성
  1. 정체성과 문화는 어떤 방식으로 창의적으로 표현될 수 있으며 그 이유는 무엇입니까?
  2. 인간의 정체성은 시간, 장소, 상황에 따라 고정되어 있습니까, 혹은 맥락에 따라 변화합니까?
  3. 인간으로서 우리는 어느 정도까지 우리의 사회적 정체성

을 발휘할 수 있습니까?

4. 정체성을 형성하는 데에 있어서 집단의 역할은 무엇입니까?

5. '읽기'와 '쓰기'는 어떤 방식으로 사회적 정체성을 구성하
   고 잠재적으로 발전시킵니까?

• 문화

1. 작가들은 어떻게 특정 관점과 문화적 가치, 태도 또는 신
   념들을 독자들에게 전달합니까?

2. 사회적 가치는 시간이 지남에 따라 어떻게 정해지고 전달
   됩니까?

3. 서로 다른 문화는 어느 정도까지 공존할 수 있습니까?

4. 서로 다른 문화들은 어느 정도까지 가치와 믿음을 공유합
   니까?

5. 텍스트는 특정 장소, 기관 또는 사람들의 문화를 어떻게
   나타내고 어떠한 관련이 있습니까?

• 관점

1. 텍스트는 다른 문화에 대한 통찰력을 어느 정도로 갖게 합
   니까?

2. 텍스트 내의 특정 관점 또는 작가의 가치관을 드러내는 방
   식은 독자에게 어떤 영향을 미칩니까?

3. 작가의 가치관을 이해하는 것이 텍스트를 이해하는 데에
   필수적입니까?

- 창의성
  1. 집단이나 개인은 그들이 대상으로 하는 독자들과 어떻게 창의적으로 소통합니까?
  2. 창의력은 효과적인 의사소통을 위해 어느 정도로 필요합니까?
  3. 텍스트의 의미는 어떤 방식으로 구성되고, 어떻게 세상과 타협하여 해석됩니까?
  4. 스타일과 어조는 의미를 형성하는 데에 어떻게 기여합니까?

- 의사소통
  1. 정직한 의사소통이란 무엇입니까?
  2. 작가와 독자 사이에 성립되는 관계는 무엇이며, 이는 의미 형성에 어떠한 영향을 미칩니까?
  3. 텍스트의 유형과 문학 장르에 따라 언어의 사용은 어떻게 다릅니까?
  4. 작가와 독자는 어떻게 의사소통을 하며, 그 의사소통은 주변 세계에 대한 우리의 이해를 어떻게 변화시킵니까?

- 재현
  1. 텍스트는 어떻게 문화적 관점을 반영하거나, 표현하거나, 일부를 형성합니까?
  2. 텍스트는 특정 인물이나 집단의 대표성을 어떻게 드러냅니까?

3. 텍스트의 생산 또는 수용에 문화적 · 역사적 맥락은 얼마
   나 중요합니까?
4. 텍스트는 어떻게 다른 주제, 태도, 개념을 형상화하고 언
   어와 문학이 실제로 현실을 보여 줄 수 있는 정도를 드러
   냅니까?

- 변형
  1. 언어와 시각은 정체성 및 문화를 표현하고 확인하기 위해
     어떻게 변형되고, 그 이유는 무엇입니까?
  2. 텍스트의 변형은 얼마나 가치나 신념의 변화와 관계가 있
     습니까?
  3. 예술가들은 자신의 아이디어를 표현하기 위해 작품을 어
     떻게 변형시키고 왜 변형시킵니까?

이런 개념탐구학습은 수업 시간에 직접 다뤄 보지 않은 텍스트
에 대한 분석 및 문제 해결로도 이어질 수 있는데, 다음은 DP '언
어 A: 언어와 문학' 과목의 시험 1(비문학 텍스트 분석 에세이) 총괄
평가에서 학생이 쓴 글의 예시이다. 이 평가는 처음 접하는 비문
학 지문을 바탕으로 주어진 안내 질문에 맞게 답안을 작성하는 시
험이다. 비록 처음 접하는 글이지만, 학생은 기존의 학습을 바탕
으로 하여, 그 학습을 통해 배운 지식과 기술을 이용하여 주어진
질문을 분석하면서 새로운 자신의 지식을 창조할 수 있다. 개념
탐구학습은 이렇게 새로운 맥락으로 자연스럽게 전이될 수 있도

록 학습자를 준비시킨다. 이 학생은 문제에 제시된 공익광고협의
회에서 제작한 한편의 인쇄광고를 텍스트로 한 시험에서 "언어와
시각적 요소는 독자를 설득하는 데 어떻게 기여하는가?"라는 질
문에 대해 〈표 3-1〉과 같이 서술하였다.

〈표 3-1〉 IB의 DP '언어 A: 언어와 문학' 시험 1(Paper 1) 비문학 텍스트
분석 에세이의 예시 중 일부

누군가에게서 원하는 행동을 이끌어내는 데에는 다양한 방법이 있다. 그 행동을 취해달라고 직접적으로 말할 수도 있겠지만, 어떤 때에는 그 사람의 심리를 자극해 행동을 '유도'하는 것이 더욱 효과적일 수도 있다. 본 텍스트는 그러한 방법을 효과적으로 활용한 한국방송공사의 공익광고이다. 공익광고는 공공기관에서 사회적 문제를 개선하기 위해 제작하는 광고이기에, 궁극적인 목적은 독자가 사회에 이로운 방향으로 행동과 인식을 개선하는 데 있다. 본 텍스트는 지구온난화라는 중요한 이슈에 대해 사람들이 경각심을 갖고 행동하기를 바라는 목적에서 제작되었다. 이를 달성하기 위해 글쓴이는 시선의 흐름에 따른 효과적 전개, 독자 '당신'에게 성격을 부여하기 위한 어휘, 어조 사용, 그리고 광고의 중요성과 행동변화를 이끌어내기 위한 어휘, 반복법 사용 등을 활용한다.

이 광고를 큰 그림에서 살펴보았을 때, 독자의 심리를 자극하기 위해 효과적 전개순서를 활용하는데, 이를 위해 표제와 단락 구분 등 시각적 요소 또한 활용한다. 인쇄 공익광고는 많은 사람들이 쉽게 지나치기 마련이기에 독자의 시선과 관심을 사로잡는게 무엇보다 중요하다. 하지만 이 광고는 그 어떠한 이미지도 활용하지 않으면 광고를 끝까지 읽지 않고는 궁극적 목적 또한 파악하기 어려울 수 있다. 이 광고가 독자가 계속 끝까지 읽게 잡아두는 것은 독자의 심리를 파악한 전개순서이다. 우선, 눈에 띄게 크고 굵은 광고의 표제에서는 "이 광고를 읽더라도 당신은 변하지 않을 것"이라고 말하는데, 이는 독자를 향한 '도발'에 가까우며 독자는 본인이 그러한 사람인지 확인하고자 혹은 아니라고 증명하고자 하는 심리에서 광고를 계속 읽게 될 확률이 높다. 이후 광고에서는 독자가 광고를 읽고도 취할 행동들, 그리고 독자의 심리를 꿰뚫는듯한 말, 그리고는 궁극적인 광고의 목적을 드러내는 흐름으로 이어진다. 이러한 전개의 흐름은 여백을 통한 단락구분으로 독자가 더욱 더 쉽게, 시각적으로 파악할 수 있다. 독자는 처음에 광고를 읽으며 자신의 행동과 심리를 다 파악한 듯이 말하고 단정짓는 광고에게 불쾌한 감정이 들 수 있지만, 광고를 다 읽었을 때에는 진정한 목적을 깨닫고 자신의 행동을 반성하고 고치게 될 수 있다. 이러한 전개는 시각적으로 심심한 이 공익광고가 그럼에도 불구하고 사람들의 이목을 사로잡을 수 있는 이유이다.

이제 언어적인 측면에서, 글쓴이가 독자 '당신'에게 성격과 특징을 부여하기 위해 사용되는 어휘와 어조를 살펴볼 수 있다. 첫번째 단락에서 "이 광고를 다 읽더라도 당신은" 비닐봉지를 "2시간" 뒤에 사용할 것이고, "내일 아침" 샴푸를 "마음껏 쓸 것"이라고 서술한다. 가능성을 추측하는 듯한 어조가 아닌 '~할 것'이라고 단정짓는듯한 어조는 독자 '당신'이 그러한 행동을 취할 사람임을 확신하는 태도이며 독자에게 특징을 강하게 부여한다. "2시간", "내일 아침", "마음껏" 등의 어휘는 독자가 광고를 읽고도 빠른 시간 내에 행동이 원점으로 돌아갈 것이라는 추측을 구체적인 숫자와 시간의 제시로 더욱 강조되며, 심지어는 양을 과하게 사용한다고까지 말한다. 이후 단락에서는 독자 '당신'이 이런 "쓸모없는 광고"를 왜 하는 것인지, "다 이거 내 세금으로 하는 걸 꺼 아냐?!!!"라고 생각할 것이라고 말한다. 큰 따옴표로 독자가 할법한 생각을 그대로 가져오며 독자는 행동변화도 취하지는 않지만, 광고의 목적을 깨닫지 못하고 "쓸데 없고", "세금"의 낭비로 생각하는 사람으로 특징이 부여된다. 이렇게 불특정 다수 독자에게 강한 성격을 부여하는 것은 성급한 일반화이지만, 독자의 진짜 특징과 생각에 일치할 수도 있고, 그렇지 않을 수도 있다. 만일 일치한다면 심리가 자극된 독자는 궁금증, 혹은 도발적인 광고의 태도에 끝까지 읽을 것이며 일치하지 않아도 그것을 증명하기 위해 나머지 내용을 주의깊게 읽을 것이다.

학생의 개념탐구는 이렇게 주어진 질문에 대해 본인의 비판적 분석을 드러내는 평가로도 측정이 되지만, 스스로 탐구 주제를 설정하고 그에 대해 답을 함으로써 더욱 정제된 형태로 발전할 수 있다. 다양한 관점에서 텍스트를 학습 및 분석하고 특별히 학생 스스로가 관심이 있는 탐구 주제를 선택하여 깊이 있게 텍스트를 연구해 보는 것이다. 〈표 3-2〉는 DP를 이수한 학생이 문학 텍스트를 학습하고 난 후 개인적인 탐구 질문을 통해 새로운 지식을 형성하고 있는 과정의 예시로서, 심화과정(Higher Level: HL) 에세이의 일부이다. 이 에세이는 긴 시간에 걸쳐 학생이 문학 또는 언어적 주제를 탐구하면서 계획하고, 글을 쓰고 퇴고하며 자신의 생각을 다듬는 과정을 거쳐 완성하는 것인데, 이를 통해 학생은 비판적이면서도 독립적이고 창의적인 학습자로 성장할 수 있다. 또한 이는 학생이 자기주도적으로 다양한 언어적·문학적 관점으로 텍스트를 검토하고, 초점이 분명한 분석적인 주장 형성을 통해 새롭게 생성된 자신의 지식을 드러내는 글이라 할 수 있다. 이를 위해 인용이나 참고문헌을 바르게 기재하는 등 학문적 에세이를 구성하는 형식 또한 학습해야 하기도 한다. 이 에세이를 생산하는 과정에서 학생은 수업 시간에서의 학습뿐만 아니라, 교사와의 충분한 질의응답을 통해 자신의 생각을 정교하게 다듬을 수 있다.

〈표 3-2〉 IB의 DP '언어 A: 언어와 문학' 시험 1(Paper 1) 심화과정 에세이의 예시 중 일부

2016년 일본의 한 가족이 부모의 사망 사실을 숨기고 연금을 부정수급한 사건[1]은 일본 사회에 큰 충격을 안겨주었다. 2018년 위 사건을 모티브로 쓰인 고레에다 히로카즈의 소설 <좀도둑 가족>은 현대 일본 사회를 배경으로 각자 다른 사연을 가지고 한 지붕 아래 모이게 된 인물들의 도덕적 의식 결여와 부도덕적인 생활 방식을 그려냈다. 이러한 모습은 오늘날 개인적 안위만을 중시하며 타인을 살피지 않는 개인주의[2]적 성향이 사회에 미친 영향을 보여주고 있다. 나아가 소설에서는 일본의 버블경제[3] 시대에 젊은 시절을 보냈던 기성세대가 변화한 현대 사회에 도태된 모습을 적나라하게 드러낸다. 소설 <좀도둑 가족> 속 여러 인물의 유형들은 독자들에게 소외된 계층의 도덕적 결여와 이를 악화 시키는 사회 전반에 만연한 개인주의를 고발한다. 고레에다 히로카즈는 소설 <좀도둑 가족>을 통해 개인주의적 사회가 어떻게 도덕적으로 도태되는 집단/계층을 만들어내는지 도덕적 결여를 주도하는 인물, 합리화 하고 받아들이는 인물 그리고 방관하고 방치하는 인물의 유형을 통해 직접적으로 보여준다.

첫번째로 개인주의적 사회가 만들어낸 집단의 도덕적 도태는 도덕적 결여를 주도하는 하쓰에로 형상화 된다. 하쓰에는 쇼타네 가족에서의 가장 연장자이자 처음으로 아키를 데리고 가족의 형태를 이룬 사람이다. "하쓰에의 남편은 결혼하자마자 바깥에 여자를 만들더니 하쓰에와 아들을 버리고 나가버렸다."[4] 대부분의 가족 구성원들은 하쓰에를 의지하며 따르지만 그녀 또한 가정에서 버림 받은 이후 사회에서 고립된 삶을 살았다. 작중에서 들어나듯, 남의 돈을 훔쳐 파칭코를 하는 등 도덕적 관념이 잡혀 있지 않은 하쓰에는 오히려 나머지 가족 구성원들을 도덕적으로 도태된 삶으로 이끌었다. "그녀가 이 집에 처음 발을 들인 것은 단순히 이들을 괴롭히고 싶은 마음에서였다."[5] 작중 하쓰에는 자신의 전 남편 장례식에서 그의 새로운 가족을 만나게 되고 당시 동생에 대한 질투와 서운함으로 방황하던 아키를 처음 만나게 된다. 그리고 이후 아키를 다시 한번 마주치게 되었을때 자신에게 불만을 털어놓는 아키를 보고 함께 살자고 제안한다. 나아가 하쓰에는 장례식 이후 종종 그들의 집을 찾아가 그 아들에게 돈 봉투를 받고 모종의 죄책감을 주기 위한 방문을 이어 나갔다. 경제적 이득을 취하며 부모 몰래 그들의 미성년자인 딸을 데리고 나와 가정이 망가는 것을 보는 하쓰에의 행동은 복수라는 명목을 빌린 비도덕적인 행동이며 범죄[6]이다. 하쓰에는 이야기의 후반까지도 아키를 향한 모종의 감정이 증오인지 애정인지는 갈피를 잡지 못하였지만 하쓰에가 애정이 필요한 아키의 마음을 자신의 복수에 이용했다는 사실은 변하지 않는다. 이러한 하쓰에의 이기적인 모습은 개인주의적 사회가 만들어 내는 고립된 계층의 도덕적 관념과 사회적 인식이 낮아지는 사회의 형태를 보여주어 비판한다.

나아가 작가는 하쓰에를 통해 도덕적으로 결여된 개인이 다른 개인을 끌어들여 사회에서 도태된 계층을 형성하는 모습을 지적한다. 하쓰에는 주도적으로 사회에 적응하지 못한 사람들을 피가 섞이지는 않았지만 가족이라는 이름의 집단 아래 뭉치게 하고 그녀의 책임감을 느끼지 못하고 나머지 가족 구성원들의 도덕적 기준마저 흐트려 놓는다. 그녀의

[1] "고레에다 히로카즈는 한 가족이 부모의 사망을 숨기고 연금을 부정 수급한 실제 사건(2016)에서 모티브를 얻어 '어느 가족'을 만들었다.", 김지혜, "[빅픽처]어느 가족·'더 스퀘어', 칸의 이유있는 선택", SBS연예뉴스, 28 July 2018.

[2] "개인주의자는 자신의 목표와 욕망을 행사하는 것을 촉진하며, 따라서 개인의 독립과 자립에 가치를 두고 개인의 이익이 국가나 사회집단 보다 우선시 되어야 한다고 주장한다.", 이상준, "개인주의", 한성대학교 미디어위키, 16 June 2019.

[3] "과거 1986년부터 1991년 사이 시기를 일본의 버블(거품) 경제 시기로 부른다. 일본은 저금리 정책을 펼쳤고, 이에 따라 당시 일본은 부동산과 주식 등 실물 경제의 가격이 매우 높이 증가했다. 그러나 거품 경제가 종결된 후, 일본은 극심한 장기침체인 '잃어버린 10년'이 도래했다.", 온라인 뉴스팀, "현재 우리나라랑 비슷하다는 '일본 버블경제 붕괴 직전' 상황", 트렌드경제, 2 July 2021.

[4] 고레에다 히로카즈, <좀도둑 가족>, 비채, 2018, p 79.

[5] 위의 책, p 153.

[6] "제5조의2(약취·유인죄의 가중처벌) 약취 또는 유인된 미성년자의 부모나 그 밖에 그 미성년자의 안전을 염려하는 사람의 우려를 이용하여 재물이나 재산상의 이익을 취득할 목적인 경우에는 무기 또는 5년 이상의 징역에 처한다.", 법무부, "특정범죄 가중처벌 등에 관한 법률", 국가법령정보센터, 6 January 2016.

DP 평가에서는 이러한 개념탐구 과정을 '구술'로도 평가하는데, 이 '개인구술평가(individual oral)'는 학생의 개념탐구 과정뿐만 아

니라, 교사와의 피드백 과정 또한 포함되기 때문에 하나의 평가 내에서도 탐구 및 피드백 전체를 볼 수 있다.

개인구술평가는 수업 시간의 학습 내용 및 자신의 개념탐구학습 과정을 바탕으로 하는데, 학생은 학습한 문학 및 비문학 텍스트 중 자신이 선택한 세계적 이슈(광범위하고 국가를 초월하며 지역적 맥락에 영향을 미치는 주제)를 중심으로 각 텍스트를 취사 선택할 수 있다. 이 이슈를 선정할 때에는 광범위한 주제 그 자체로서 선택하는 것이 아니라, 10분간의 구술 동안 합리적으로 탐구할 수 있는 상세하고, 논의할 만한 가치가 있는 이슈를 스스로 결정해야 한다. 문학과 비문학 텍스트에서 40줄 이하의 발췌문을 선택하여 자신이 정한 세계적 이슈(주제)를 반영하여 집중 분석하면서 전체 텍스트에 대한 이해를 드러낸다. 그리고 선택한 발췌문을 통해 해당 이슈에 관한 명확한 증거를 제시할 수 있어야 한다. 이미 텍스트를 중심으로 한 개념 학습이 완료된 이후에 실시되기 때문에, 학생은 최대 10개의 주요 항목만이 언급된 개요와 발췌문만을 가지고 구술평가에 임한다. 세계적 이슈와 발췌문 그리고 개요가 완성되기까지에는 마찬가지로 긴 시간과 교사와의 피드백 과정이 요구된다. 그러므로 이 평가를 준비하는 모든 과정 역시 학생의 학습 과정이자 개념탐구 과정이며, 평가의 시간 역시도 이와 다르지 않다.

개인구술평가는 10분의 학생 구술과 5분의 학생-교사의 질의응답으로 구성된다. 질의응답은 학생이 언급하지 않은 것, 언급한 것 중 불확실하거나 더욱 분명하게 확인하고 싶은 것 등에 대한 것인데, 이는 평가 중에 일어나는 피드백 과정이라 해도 과언이 아니다. 다음은 실제 DP 개인구술평가 총괄평가에서 학생이 제출한 개요이다.

〈표 3-3〉 IB의 DP '언어 A: 언어와 문학' 개인구술평가 개요 예시

> **학생용 개요 양식**
>
> - 세계적 이슈
>   자아성찰이 개인의 신념과 행동에 끼치는 영향
>
> - 선택한 텍스트
>   1. 장훈의 〈택시운전사〉(쇼박스, 2017)[1:32:43~1:35:58]
>   2. 윤동주의 〈십자가〉(정본 윤동주 전집, 1942)
>
> - 구술노트(10개의 핵심 내용)
>   1. 본격적인 각성의 시발점이 되는 식당 아주머니가 건네준 주먹밥
>   2. 딸과의 통화를 통해 상징적으로 나타나는 만섭의 신념 변화
>   3. 와이드앵글을 통해 강조되는 만섭의 바뀐 신념에 대한 행동과 굳은 의지
>   4. 강한 외압에도 불구하고 내적 갈등을 극복하고 자신의 신념을 실천하는 군인
>   5. 재식의 희생을 목격한 후 만섭의 성찰 및 적극적 시민으로서의 변화
>   6. 햇빛과 십자가라는 상징을 통해 드러나는 시적 화자의 자아성찰
>   7. 4, 5연에서 드러나는 시적 화자의 신념 변화와 자기희생적인 굳은 의지
>   8. 〈쉽게 쓰여진 시〉에서 시적 화자의 두 자아 만남을 통한 자아성찰의 실현
>   9. 〈서시〉에서 어조의 변화를 통해 드러나는 자아성찰 후 시적 화자의 신념 변화
>   10. 〈참회록〉에서 드러나는 끊임없는 자아성찰을 통한 희생에의 의지

이렇게 IB 교실은 학습 과정으로서의 형성평가와 학습의 결과

를 측정하는 총괄평가가 서로 다른 별개가 아닌 일련의 과정으로 구성된다. 이 모든 과정 이후에 진행되는 성찰 역시도 학생 탐구 여정에 포함되는 중요한 과정이다.

5. 학습자 포트폴리오의 활용

학습자 포트폴리오는 학생이 단원을 학습하면서 자신의 연구하고 공부한 자료들을 수집한 일종의 자료집이다. 이 포트폴리오는 평가의 대상은 절대 아니지만, 교사에게는 학생의 모든 학습 과정을 관찰할 수 있는 수단이며, 학생 자신에게는 자신의 학습 과정을 돌아보고, 연구한 모든 것에 대한 근거를 마련하는 방법이기도 하다. 또한 학생이 최종적인 총괄평가를 준비하기 위한 좋은 학습 자료이며, 총괄평가의 결과와 비교해 성찰의 자료로도 사용할 수 있다. 학습자 포트폴리오를 통해 학생은 각 과목 및 단원의 탐구 과정을 성찰하고, 각 단원의 내용을 단편적인 지식의 습득이 아니라 통합적인 이해로 발전시킬 수 있다. 단원과 단원 간의 연결성을 파악할 수도 있고, 교사 그리고 동료들과의 피드백을 되돌아볼 수 있는 기회를 얻는다. 이는 궁극적으로 각 과목, 탐구 영역 간 또는 영역 전체에 걸친 포괄적인 지식 형성에 밑거름이 될 것이다.

이러한 포트폴리오의 양식이 정해져 있는 것은 아니다. 각 과목의 특성에 맞게 교사 및 학생의 주도하에 만들어 낼 수 있다. 다

만, 이 포트폴리오가 학생의 형성평가, 다시 말해 학습 과정 및 총
괄평가의 준비에 매우 유용한 자료가 되어야 하므로 어떻게 하면
가장 적합하고 생산적인 형태로 만들 수 있을 것인지 고려해야 한
다. 또한 이 포트폴리오는 학습 초반부터 작성하기 시작하여 전
체 학습 여정의 기록이 될 수 있도록 해야 더욱 효과적이다.

학습자 포트폴리오에는 다음과 같은 내용이 수집될 것이다.

- 해당 과목에 필요한 주요 개념 및 질문
- 학습 과정에서 요구되는 지식 및 기능에 대한 기록 및 성찰
- 상세한 학습 내용 및 비판적인 분석. 학습 내용의 의미 탐구
- 이전 학습 내용과의 연결
- 다양한 형태의 형성평가의 기록
- 학습지 및 과제에 대한 피드백 기록
- 학습자가 스스로 탐구한 관련 지식
- 그룹 활동 및 토의한 내용에 관한 기록 및 평가
- 어려웠던 점과 성취한 것에 대한 성찰
- 개인의 발전을 위한 자기 평가

6. 성찰의 도구로서의 평가

평가는 교사가 학생의 학습을 확인하고, 그에 관한 정보를 수집
하며, 그 과정과 결과를 해석하는 과정이다. 또한 평가는 학생이

자신의 학습을 정교하게 다듬어 탐구 과정을 통해 스스로 지식을 구성하는 과정이다. '성찰'은 이 모든 탐구의 단계에서 지속적으로 일어나야 하는 중요한 과정이다. IB 교육에서는 이 '성찰'은 매 수업 시간, 모든 단원 학습, 모든 평가 등에서 빠짐없이 주어지는 중요한 학습 단계이다. 학생은 자신의 학습 내용 및 방법, 탐구의 방향 및 정도 등으로부터 시작하여 학습 태도 및 자기관리의 영역에 이르기까지의 성찰을 통해 하나의 탐구 과정을 마무리하고, 더 나은 다음 학습을 준비한다. 교사는 총괄평가의 결과가 학생의 탐구 과정의 마무리가 되지 않도록 학생에게 이 '성찰'을 유도하고, 반드시 거치도록 해야 한다. 이러한 학생 성찰을 유도하기 위해서 성찰일지의 형식에서부터 질의응답지 혹은 설문 조사지 및 면담에 이르기까지 다양한 형식으로 고안해 볼 수 있다.

　앞에서 언급했듯이 성찰은 학생만의 몫이 아니다. 교사 또한 다음과 같은 질문을 통해 성찰이 교육과정 및 내용의 구성에 유의미한 단계가 될 수 있도록 할 수 있을 것이다.

- 나는 학생들에게 무엇을 할 것인지가 아닌 무엇을 배울 것인지를 알려 주었는가?
- 나는 학습 목표와 성취기준을 학생들을 위한 피드백의 근거로 사용했는가?
- 나는 성적 혹은 확인의 수단으로서만 피드백을 제공하지는 않았는가?
- 나는 학생들이 성취한 것과 오류를 수정하기 위한 개선 방법

에 대한 조언을 피드백에 충분히 포함시켰는가?

- 나는 학생들에게 '기다림의 시간'과 '생각할 시간'을 충분히 제공했는가?

- 나는 일종의 정답이나 '예' '아니요'를 요구하는 폐쇄적인 질문이 아닌, 생각을 이끌어 내는 개방적인 질문을 하였는가?

- 나는 피드백을 통해 얻은 학생에 대한 정보를 교육과정 및 내용 설계에 활용하였는가?

- 나는 학습 목표와 평가 기준을 바탕으로 동료 피드백을 장려하고, 학생들이 충분히 안전하다고 느끼는 환경에서 이를 실행할 수 있는 기회를 제공했는가?

- 학생들의 자기 평가를 장려하고, 그들에게 이러한 능력을 개발할 수 있는 충분한 모델을 제공하고, 기회를 주었는가?

7. 과정이 중시되는 탐구학습 환경 조성

아직도 평가의 결과가 교육의 성패를 결정하는 경우가 많은 이 때에 이렇게 학습의 과정을 평가의 과정이라 논의하는 기회가 주어진 것은 학생과 교사 모두에게 매우 반가운 일이다. 또한 학습과 평가를 별개로 두는 제도적인 한계를 넘어, 학습과 평가를 일치시키려는 시도가 일어나는 것은 바람직한 움직임이다. 학습의 내용과 평가가 일치될 수 있기 위해서는 학생과 교사, 학생과 학생 간의 끊임없는 '유용한 피드백'이 오가야 할 것이며, 그 결과가 다시 학습의 내용 및 평가 설계에 반영되어야 할 것이다.

　또한 이 모든 과정은 학생과 교사 모두의 깊이 있는 '성찰'을 통해, 평가가 그다음 학습에 긍정적인 영향을 주고, 궁극적으로는 학생이 교육의 목표에 도달하는 데에 이바지할 수 있어야 할 것이다. 학습 환경에서 일어나는 모든 형성평가와 총괄평가가 머리말에서 언급했던 'IB 수업에서의 형성평가와 총괄평가는 교사와 학생 간에 생성되는 교육적 맥락 내에서의 연속적인 피드백 과정이며, 서로에게 더 나은 학습을 위한 정보를 제공하는 과정'이 실제 교실 환경에서 이루어질 때, 본격적인 학생의 탐구학습이 이루어질 수 있다. 요즘 우리는 학생 주도성(student agency)을 그 어느 때보다 강조하고 있다. 이를 위해 긍정적인 교실 문화를 형성하고, 학생에게 선택권을 부여하고, 명확한 학습 목표를 설정하여 학생들에게 탐구 과정으로서의 학습의 기회를 제공해야 한다.

　과정으로서의 형성평가를 중시하여 학생으로 하여금 지식의 변형과 전이의 과정을 경험하게 하고, 새로운 지식의 창조자로서 성장할 수 있도록 자극해야 한다. 그리고 궁극적으로 이러한 모든 학습의 과정이 최종적으로 총괄평가로 점검됨으로써 학습과 평가가 일치되는 바람직한 탐구학습 환경을 조성할 수 있기를 바란다.

참고문헌

Black, P., & Wiliam, D. (2018). *Classroom Assessment and Pedagogy.* Assessment in Education: Principles, Policy & Practice.

Carless, D. (2015). Exploring learning-oriented assessment processes. *Higher Education, 69*(6), 963-976.

Fong, C. J., Patall, E., Vasquez, A., & Stautberg, S. (2019). Examining the effects of positive and negative feedback on motivation and performance: A meta-analysis. *Educational Psychology Review, 31*(4), 1217-1238.

IBO (2015). *Diploma Programme: From Principles into Practice.* International Baccalaureate Organization (UK) Ltd.

IBO (2019). *Diploma Programme: Language A: Language and Literature Guide.* International Baccalaureate Organization (UK) Ltd.

IBO (2021). *Teaching and Learning by Assessment in the Diploma Programme.* International Baccalaureate Organization (UK) Ltd.

IBO (2023). *Diploma Programme Assessment: Principles and Practice.* International Baccalaureate Organization (UK) Ltd.

Wiliam, D. (2011). *Embedded Formative Assessment.* Solution Tree Press.

제4장

개념탐구 과정으로서 융합 학습

IB 중핵형 활동 및 중핵교육과정을 중심으로

1. 융합교육과 IB 중핵교육과정

현대 사회는 변화의 속도와 양상이 매우 빠르고 복잡한 초변화 사회이자 새로움이 기준으로 작용하는 뉴노멀 시대이다. 오늘날 교육은 지식의 양을 역량을 대표하는 유일한 척도로 간주하지 않으며 오히려 문제를 다각적으로 조망하고 창의적으로 해결해 낼 수 있는 융합적 문제 해결력을 갖춘 인재 양성에 주목하고 있다. 융합은 교육의 오랜 화두였던 만큼 우리 교육과정에서도 융합적 역량을 함양하고자 하는 시도를 어렵지 않게 찾아볼 수 있다. 대표적으로 '2015 개정 교육과정'이 창의융합형 인재의 양성을 교육의 목표로 표명한 점이나 2011년 교육과학기술부에서 제시한 STEAM 교육은 융합교육의 대표적 예로 손꼽히고 있다. 특히 2025년 도입을 앞둔 '2022 개정 교육과정 총론 주요사항'은 융합교육을 직접적으로 제시하고 있다는 데서 당분간 융합교육에 대한 관심은 지속될 것으로 전망된다.

국내에서 융합교육은 '교육과정 통합'의 개념과 혼재되어 사용되는 경향을 보였다. 대표적으로 STEAM 교육은 과학(Science),

기술(Technology), 공학(Engineering), 인문·예술(Art), 수학(Mathematics)의 머리글자를 딴 것으로, 본래 과학기술 분야를 중심으로 했던 융합교육 모델인 STEM에서 인문·예술 영역을 추가한 것이다. 대개 STEAM 교육은 교과 내용의 연계를 통한 간학문적 수업으로 구현되며, 이러한 성격으로 인해 STEAM 교육은 간학문적 접근 방식의 하나로도 알려져 있다. 또한 융합교육은 역량 중심의 교육 패러다임에서 역량을 구현하는 교육의 구체적인 방법이자 처방적인 접근으로도 소개된다.

한편 최근 주목하는 역량의 개념이 지식의 습득을 넘어 기능, 가치 및 태도까지 연계된 총체적 개념임을 고려했을 때, 역량 함양을 위한 교육과정에서의 융합교육은 역량을 지향하는 방법으로의 적극적 고민이 필요할 것이다.

일반적으로 융합은 다양한 학문이 섞여 하나를 만들어 낸다는 이미지를 떠올리게 한다. 하지만 실제 융합의 성격을 정의한 여러 문헌을 살펴보면, 융합은 독립적인 것이 아닌 결합된 것이면서 그 방식은 물리적이기보다 원래의 형태들이 변화된 화학적 결합의 상태이다. 즉, 학습자의 이해 구조 속에서 재구성된 논리적 흐름은 융합이 학습자의 태도와 가치적 측면을 포함한다는 것을 나타낸다.

이와 유사한 내용으로 융합을 개인 내 상상력의 작동과 이를 통한 결합적 사고로 본 Beane의 사례를 볼 수 있다. 그는 1995년, 교육과정의 통합에 대한 새로운 견해를 제시하였다. 그에 의하면 교육과정 통합은 단원 계획이나 교과를 재배열하는 등 외관

상 변화시키는 것이 아닌 학교의 역할, 교육과정의 출처와 지식
의 이용에 관한 '사고방법'을 중심으로 이루어져야 한다. 그는 학
습자가 문제를 해결할 때, 학문 영역의 경계 없이 통합적으로 사
고한다는 것에 기초하여 학습자의 학습 경험에 주안점을 두고 융
합교육을 새롭게 해석해 볼 가능성을 제안하였다.[1] 나아가 『통섭
(Consilience)』의 저자로 잘 알려진 Wilson 역시 마음이란 지식이
창조되는 곳이며 통섭의 핵심이라고 정의한 바 있다. 통섭은 지
식을 섞어 내는 것 이상의 문제 해결을 위한 종합적 사고 능력으
로서 특정 학문과 지식만으로 접근 불가능한 교류와 소통, 모든
학문적 교차 행위 그 자체를 의미한다고 볼 수 있다. 이를 고려했
을 때, Wilson에게 있어 지식의 생성이란 학제 간 접근을 넘어서
학습자 주체적이면서, 초학문적 혹은 범학문적 접근을 지향해야
한다.

　한편 Dewey는 융합에 대한 기본 정의를 새롭게 해 볼 것을 요
구하면서 융합이 연계 이상의 의미로써 학습자에게 왜 필요한 것
인지 그 근본 이유를 되짚어 보도록 하였다. 그는 지식의 고도화
시대에 학습자가 통합의 실마리를 찾아낼 수 있어야 한다고 보았
으며, 이것이 학습자의 바깥에서 주어지는 것이 아니라 내부에서
생성되어 가는 것으로 변해야 한다고 제안하였다.

---

1 그가 표현한 integration을 통합이라고 번역하긴 하였으나, 그 성격을 보
　았을 때 앞서 제시한 융합적 성격에 가깝다는 점에서 융합교육에 대한 재
　고의 여지를 남긴다.

"학교는 현재 여러 분야에서 폭발적으로 증가하고 있는 지
식을 학생들에게 가르쳐야 하는 문제로 어려움을 겪고 있다.
교사는 학생들을 집단적으로 다룰 뿐 아니라 개별적으로도
다루게 되었기 때문에 이러한 어려움은 더 가중되고 있다. 이
러한 진보의 걸음이 길을 잃지 않으려면, 지식을 단순화할 수
있는 어떤 통합의 실마리, 어떤 원리를 발견해야 한다. 필요
한 핵심 요소는 '과학적(scientific)'이라고 부르는 마음의 태도
와 생각의 습관을 채택하는 것에서 발견된다고 이 책은 말하
고 있다. (중략) 타고난 왕성한 호기심, 풍부한 상상력, 실험적
탐구에 대한 사랑이라는 특징을 가진 아동의 태도는 과학적
마음에 매우 가깝다(Dewey, 1910, 서문)."

학습자에게 있어 과학적인 마음의 태도와 생각의 습관을 길러
주는 것이 증가하는 정보량에 대한 적극적인 교육의 방안이라는
그의 글은, 융합이 단순히 교과 혹은 학문 간 연계에서 나아가 학
습자를 지식의 주체가 되도록 한다는 의미가 무엇인지에 대해 융
합교육에의 구체적 논의를 요구한다.

앞서 살펴본 학자들의 이야기는 융합교육을 학습자의 학습 경
험을 중심으로 재고해 보도록 한다. 그리고 교과 혹은 학문 간 연
계에서 나아가 이른바 학습자의 학습 경험에 집중해 본다는 것이
무엇인지 구체적 설계의 논의를 요청한다.

[그림 4-1] NPDL의 협력적 탐구 사이클

출처: NPDL (2019).

[그림 4-1]은 NPDL(New Pedagogies for Deep Learning)에서 메타적 학습 경험을 도식화한 '협력적 탐구 사이클(collaborative inquiry cycle)'이다. 실제로 이 단계들이 순차적으로 일어나거나 학습자에게 인식 가능하도록 단계화되어 발생하는 것은 아니다. 그러나 이 사이클은 학습자가 바깥의 지식을 안에 기억하고 있는 상태를 넘어서 자기만의 지식으로 갖기 위한 시도들의 필요성을 보여 준다. 이것은 융합이 지식을 암기하는 수준 이상의 메타인지적 접근들을 필요로 한다는 것을 시사한다. 학습자가 직접 문제를 설정하고 실행하며, 성찰하고 평가해 보는 일련의 행위는 학습자의 탐구를 유도해 학습자의 자기 지식을 습득해 가는 경험을 가능하게 한다.

2. IB 중핵교육과정을 통해 보는 융합교육

이 절에서 살펴볼 IB의 중핵형 활동 및 중핵교육과정은 학습자의 지식, 기능, 태도를 아우르는 통합적 학습 경험을 추구한다는 데서 융합교육적 성격을 반영한다. 본래 중핵교육과정은 학습자 경험을 중심으로 한 교육과정 통합의 한 방법으로 소개된다. 중핵교육과정은 통합적 사고가 어떻게 일어나는지에 대한 물음으로부터 학습자가 학습의 내용을 통합적으로 경험한다는 데 기초하고 있다. 이들은 실제 세계에 대한 문제 탐구를 중심으로 학습 경험이 통합된다는 점을 중시하는데, IB DP 중핵교육과정을 비롯한 PYP, MYP의 중핵형 활동은 자신이 속한 세계에 대해 탐구하고자 하는 문제를 상정하고 이를 해결하기 위해 교과 간 경계를 넘나들며 자기 지식을 탐색한다는 데서 융합교육의 속성을 엿볼 수 있다.

[그림 4-2] IB의 프레임워크

　실제로 IB에서 중핵교육과정이라고 명시한 과정은 DP에 국한
된다. 그러나 PYP와 MYP에서도 유사한 과정을 확인할 수 있는
데, DP의 프레임워크에서 중핵교육과정과 상응하는 위치에 PYP
의 전시회와 MYP의 프로젝트가 놓여 있다는 점은 DP 중핵교
육과정의 성격과 PYP-MYP에서 제시하는 활동의 성격이 다르
지 않음을 유추할 수 있도록 하는 부분이다. 따라서 이 글에서는

PYP 전시회(exhibition)와 MYP 공동체 · 개인 프로젝트(community project · personal project)를 '중핵형 활동'이라고 일컫고자 하였다.

이것은 DP의 중핵교육과정에 해당하는 세 가지 활동의 목적에도 반영되어 있다. IB의 중핵형 활동 LC 중핵교육과정을 정리하면 〈표 4-1〉과 같다.

〈표 4-1〉IB 중핵형 활동 및 중핵교육과정

구분	명칭	분석 교육과정 및 활동
초등학교	PYP	중핵형 활동(전시회)
중학교	MYP	중핵형 활동(개인, 공동체 프로젝트)
고등학교	DP	중핵교육과정(TOK, EE, CAS)

TOK의 경우 "지식 영역 간의 비교와 연결을 강조하고 학생들이 자신의 관점과 타인의 관점을 더 잘 인식할 수 있도록"(IBO, 2020b, p. 4), CAS는 "활동 참여를 통해 자신의 열정, 개성, 관점을 표현하는 과정"(IBO, 2020a, p. 8), 마지막 EE는 "소논문 작성을 통한 조사 능력, 글쓰기 능력, 창의성을 비롯한 지적인 성장"(IBO, 2020c, p. 3)으로 설명된다. 이렇듯 특정 교과 지식을 목적으로 하지 않는 학습의 성격은 DP외 PYP, MYP의 중핵형 활동에서도 드러난다.

먼저 PYP의 전시회는 PYP 과정의 가장 마지막 학년에 진행되는 것으로, PYP의 학습을 구성하는 6개의 초학문적 주제 가운데 한 가지 주제에 대해 학습자가 세부 탐구 주제를 선정하고 그것을 자기 탐구 결과로 표현해 내는 것이 활동의 핵심이다. 예를 들어, PYP 주제 중 '우리가 사는 시간과 공간'을 주제로 전시회를 개최하기로 했다면, 학습자는 이 테마에 맞추어 자기 관심 질문을 상정해야 한다. 그리고 해당 질문과 문제의식을 드러내기 위한 가시적 방법, 상호작용적 방법을 고려해 이것을 효과적으로 표현할 수 있어야 한다. 학습자의 탐구 활동은 최종적으로 학교 전시회를 통해 공유된다. 공유의 대상은 동료 학습자와 교사뿐만 아니라 학부모 또는 온라인을 통한 다른 학교의 학습자들까지 확대되기도 한다. PYP에서 전시회는 학습자의 최종 과제로서 학습자가 그동안 배웠던 지식에 대한 이해와 그것을 효과적으로 설명하기 위한 다양한 기술 및 탐구 방법을 총망라하는 활동이다. 전시회는 PYP 과정을 통한 학습자의 종합적 성장을 보여 주며 PYP 과정의 마무리라는 기념적 의미를 갖기도 한다.

MYP에서는 이와 같은 활동이 프로젝트를 통해 전개된다. 프로젝트는 공동체 프로젝트(community project)와 개인 프로젝트(personal project)로 구분된다. 대개 5년 과정의 MYP를 고려하면 3~4년 차 과정에서 연습 과정으로서 공동체 프로젝트를 진행하고, 5년 과정의 마지막 활동으로 개인 프로젝트를 실시한다. 그러나 중학교 과정이 3년으로 편제된 우리나라의 학제상 MYP는 공동체 프로젝트를 마무리 활동으로 진행한다.

공동체 프로젝트는 3명 내외의 학생이 한 팀이 되어 15시간가량 실시하는 활동이다. 이것은 일련의 봉사활동을 계획하고 참여하거나 또는 봉사적 가치를 실현할 수 있는 조사나 캠페인에 임하는 등의 활동에 참여하는 것이다. 학습자들은 봉사활동을 기획하고 실행계획서를 작성하며 이를 실제 삶에 구현해 보는 경험을 한다. 개인 프로젝트는 그 범위와 내용이 보다 다양화된다. 앞서 공동체 프로젝트가 봉사적 가치의 실현을 하는 활동이었다면 개인 프로젝트는 학습자가 자신의 관심사를 탐구하는 활동이다. 학습자는 개인 프로젝트에 약 25시간가량을 할애하게 되며 이를 입증할 수 있는 결과물을 만들어야 한다.

마지막으로 DP의 중핵교육과정은 소논문 활동인 EE(Extended Essay), 경험 중심 활동인 CAS(Creativity · Action · Service), 지식론 탐구 활동인 TOK(Theory of Knowledge)로 구성된다. 각각의 과정은 DP의 교과 영역에서 습득한 바를 동원해 통합적으로 문제를 해결해 보도록 설계되어 있다. 중핵교육과정은 디플로마를 이수하기 위해 필수적으로 통과해야 하는 과정이다. IB DP 중핵교육과정의 세 가지 영역의 특징을 살펴보면 〈표 4-2〉와 같다.

〈표 4-2〉 IB 중핵교육과정의 개요

영역	주요 특징
TOK	• 개요: 지식의 본질에 대해 성찰하며 우리가 안다고 생각하는 것을 어떻게 아는지에 대해 고찰하는 과정 • 목표: ① 문화적 다양성과 풍요성에 대한 인식 개발 ② 이데올로기 및 개인의 알고 있는 것에 대한 성찰을 통한 인식 확장 • 평가: (내부) 전시회+(외부) 1,600자의 에세이에 대한 기준 참조 평가

EE	• 개요: 자신의 관심 학술 주제(DP 여섯 가지 교과군 내) 및 간학문적 학술 주제에 대한 독립 연구를 진행하는 과정 • 목표: ① 졸업 후의 학문 탐구에 대한 준비 ② 세계적으로 중요한 연구 주제에 대한 경험 ③ 지식에 대한 분석 및 평가 능력 개발 • 평가: (외부) 4,000자 에세이에 대한 기준 참조 평가
CAS	• 개요: 창의, 활동, 봉사 영역에 대한 계획을 수립하고 수행해 보는 과정 • 목표: ① 경험학습을 통해 자기 결정의 기회를 제공하고, 활동을 통한 즐거움과 성취감을 경험하며 자기 발견 및 계발 지원 ② 타인과의 협력을 통한 대인 기술의 계발 • 평가: (내부) 포트폴리오 기반 P/F 평가

3. IB 프레임워크에서 드러나는 융합형 교수학습 설계의 특징

앞서 융합형 설계와 IB 중핵형 활동 및 중핵교육과정에 대해 설명하였다. 융합형 설계는 일반적으로 학문적 연계를 통한 새로운 관점의 접근을 이야기했지만 융합은 학습자 개개인에게서도 이루어질 수 있는 것으로, 자신이 배운 선행 지식과 현재의 지식들의 연계성을 찾아 나가면서 탐구하고 성찰하는 과정을 통해 자기 지식화하는 과정을 반영하였다. IB 중핵형 활동과 중핵교육과정 역시 자기만의 고유한 답안을 마련해 내는 과정을 요구하는 특징이 있었던 만큼, 이 절에서는 IB와 자기 지식의 탐색이라는 융합

의 특징을 반영해 범주를 도출하고 그에 맞는 분석을 실시하고자
한다.

1) 가치와 태도를 포함하는 탐구 문제 설정

IB 중핵형 활동 및 중핵교육과정에서 드러나는 공통점 설계의
특징은 학습자 개방형 과제로 운영된다. 개방형 과제는 답안이
고정된 것이 아닌 학습자가 답안을 직접 구성해 나가는 과제의 유
형을 말한다. 각각의 활동에는 학습자가 문제를 선택하는 것은
물론 자신이 선택한 문제에 대한 탐구를 반영 가능하도록 하여 학
습자 내용 구성의 여지를 넓게 보장하는 특징을 갖는다. 이때 학
습자의 흥미와 관심사에 기반한 탐구 주제가 선택된 만큼, 탐구
주제는 개별화되며 탐구에 대한 답안 역시 다양하게 구성될 수 있
다. 〈표 4-3〉은 IB 중핵형 활동 및 중핵교육과정의 과제 유형에
관해 정리한 것이다.

〈표 4-3〉 IB 중핵형 활동 및 중핵교육과정 과제 선택 방법

학교급	중핵형 활동	과제 선택
PYP	전시회	6개 초학문적 주제 중 개인 탐구 주제 선택
MYP	공동체 프로젝트	학습자 선택에 기반한 팀 단위 봉사활동 주제 선택(직접 봉사, 간접 봉사, 옹호 활동 등)
	개인 프로젝트	학습자가 MYP 과정에서 더 탐구하고자 하는 주제에 대한 선택

DP	TOK 에세이	IBO에서 출제한 6개 문항 중 1개 선택
	TOK 전시회	IBO에서 제시한 35개의 프롬프트 중 1개 선택
	EE	6개 교과군 중 한 가지 교과군을 선택하여 세부 탐구 주제 선택
	CAS	창의(Creativity), 활동(Action), 봉사(Service) 영역별 학습자가 진행하고자 하는 활동 기획 및 진행

　IB 교육과정은 과제의 형식과 방향에 대한 상세한 가이드라인을 제공하지만 답안을 정해 두는 과제가 아니기 때문에 학습자들의 탐구는 각각의 관심사와 개성을 반영하여 표현 가능하다.

　한편, IB 중핵형 활동 및 중핵교육과정이 학습자의 개성을 충분히 반영할 수 있도록 한다는 점은 학습자가 탐구 경험의 주체로 서도록 하는 것과 다르지 않다. IB의 중핵형 활동과 중핵교육과정 과제들은 모두 학습자의 의사 결정과 표현을 요하는 것으로, 학습자의 가치가 충분히 반영되도록 설계하고 있다. 예를 들어, IB 본부에서는 TOK 시험을 보기 전 미리 TOK 에세이 주제를 6개로 간추려 학습자들에게 공개하고, 이 중 한 가지 주제를 선택해 작성할 수 있도록 한다. 그러나 사전에 선택지가 정해져 있다 하더라도 답안이 고정된 것은 아니다. TOK는 정답을 찾아 작성하는 서술형 과제가 아닌 각각의 주제에 대한 학습자의 가치와 태도를 충분한 근거를 들어 설명해야 하는 논술형 과제이기 때문이다.

　예컨대, TOK 질문 중 '문화 의존적이지 않은 지식은 존재할 수 있는가? 수학과를 비롯해 1개 이상의 지식 영역을 참조하여 답하시오.'라는 질문을 고려해 보자. 해당 문제에 답하기 위해서는 먼저 문화 의존적이지 않은 지식은 존재할 수 있는지에 대한 가치판단을 내려야 하며 그렇게 판단한 이유에 대해 이를 수학과를 포함한 1개 이상의 지식 영역에서 배운 내용을 자기 논지에 맞게 활용해 드러내야 한다.

다음의 질문은 학습자 주도적인 탐구가 반영될 수밖에 없는 질문의 형식을 보여 준다. TOK 문제의 핵심은 학습자가 구체적이고 논리적인 근거에 기반하여 자기 논지를 타당하게 설명하도록 한다는 점이다. 이때 지식은 탐구의 원재료이다. 학습자의 의견이 단순 주장에 그치지 않기 위해서는 자신의 견해를 충분히 뒷받침할 수 있는 근거에 기반해야 한다. 학습자는 자신의 논지에 맞게 근거를 배열해 나가는데, TOK의 질문들은 두 가지 이상의 지식 영역을 참조하도록 함으로써,[2] 배운 지식에 대한 충분한 검토와 이해에 기초하도록 유도한다.

TOK는 답하는 과정뿐만 아니라 사실상 지식 질문을 스스로 만들어 내는 것에서부터 융합적 경험을 가능하게 한다. TOK에서는 학습자가 직접 지식 질문을 만들어 보는 것 역시 중요한 학습의 과정으로 간주한다. 지식 질문을 설정하는 과정은 학습자가 충분히 자신의 학습 경험을 성찰하여 드러내야 하는 것이기 때문이다. [그림 4-3]은 IBO에서 이야기하는 TOK 지식 질문의 조건이다.

---

2 TOK 지식 영역은 역사, 인문과학, 자연과학, 예술, 수학 5개 영역을 말한다(IBO, 2020b, p. 11).

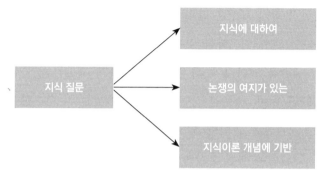

[그림 4-3] TOK 지식 질문의 조건

출처: IBO (2020b), p. 12.

　IBO에서 정의하는 지식 질문은 세 가지 조건을 충족해야 한다. 첫째, 지식에 대한 것이어야 하며 둘째, 논쟁의 여지가 있는 것이어야 하고, 셋째, 지식이론 개념에 기반하는 것이 이에 해당한다. 이상의 지식 질문이 갖는 특징에서 드러나듯 TOK에서 학습자의 가치가 반영되는 개별화된 과제는 지양할 대상이 아니라 오히려 충분한 논리적 근거를 가지고 적절한 표현을 통해 제시할 수 있도록 지향해야 하는 대상이다. 〈표 4-4〉는 이상의 특징을 반영한 TOK 지식 질문의 예이다.

〈표 4-4〉 TOK 지식 질문의 예시

특정 상황 및 질문	지식 질문
DP 역사 수업에서 2명의 다른 역사가의 관점 공부하기 →	전문가들의 의견이 다르면 우리는 이들의 판단에 대해 어떻게 결정을 내릴 수 있는가?

출처: IBO (2020b), p. 13.

이러한 융합적 특성은 단일 교과에 대한 탐구 활동이 강조되는 EE에서도 드러낸다. 학술 소논문을 작성하는 EE는 주제에 대한 자신의 생각을 얼마나 논리적으로 타당하게 제시하는가가 핵심인 과제활동이다. 소논문 작성에 앞서 학습자는 자신이 탐구하고자 하는 교과군을 선택한 후 탐구 질문을 상정하는데, 이때 탐구 질문은 정답이 정해진 질문이 아닌 학습자가 충분한 학술적 근거를 들어 증명해 나갈 수 있는 것이어야 한다. 즉, 학습자의 해석의 여지가 충분한 문제를 설정해야 한다는 것이다. EE의 탐구 질문은 교과 학문에 국한된다는 점에서 TOK에 비해 교과 학문적 특성이 강하고, 국지적으로 보일 수 있다. 그러나 학습자가 자신이 설정한 문제에 대해 어떤 지식을 사용해 효과적으로 소통 가능하게 만들어 갈 것인지, 논리적 해결 방법을 찾아나가며 해소해 나가야 한다는 점에서 EE 활동은 학습자의 기능과 가치, 지식의 융합을 보여 주기도 한다. 즉, EE는 단일 교과에 대한 탐구이면서도 그 성격은 학습 경험을 총망라하는 과정이라는 점에서 융합적 성격이 두드러진다.

이상에서는 주로 DP 활동을 예로 들어 설명하였으나, PYP의 전시회를 비롯해 MYP의 프로젝트까지 활동은 학습자가 선택하고 그 내용을 자신과 사회의 질서에 맞게 소통 가능하고 논리 있게 표현해 나간다는 점에서 DP와 공통적이다. 이러한 IB 중핵형 활동 및 중핵교육과정은 학습자가 과제의 중심에 오도록 하는 일명 학습자 중심 교육과정의 모습을 보여 준다.

2) 중장기적 자기 탐색을 요하는 활동 및 이를 지원하는 피 드백 설계

〈표 4-5〉 IB 중핵교육과정 평가

학교급 내용	PYP 전시회	MYP 공동체 프로젝트	MYP 개인 프로젝트	DP		
				TOK	EE	CAS
시행 시기	PYP 마지막 해	MYP 3~4년 차	MYP 5년 차	DP 과정 중	DP 2년 차	DP 과정 중
실시 기간	학교마다 다름 ※ 전시회 주 간을 운영하는 학교도 있음	약 15시간	약 25시간	100여 시간	40여 시간	18개월 지속
과제 양식	전시회	활동계획서 및 일지 등	활동계획서 및 일지 등	에세이/ 구술	소논문	포트 폴리오
평가 방식	준거기반 평가(학교 내 평가)	준거기반 평가(학교 내 평가)	준거기반 평가(학교 내 평가)	준거기반 평가	준거기반 평가	P/F 평가
평가 시기	PYP 종료 직전	MYP 종료 직전	MYP (5년 학제) 종료 직전	DP 종료 직전		

〈표 4-5〉는 IB 중핵형 활동 및 중핵교육과정에서 편성하는 과
제를 정리한 것으로, 과제의 실시 기간과 평가 시기는 일회적이
고 즉각적으로 수행할 수 없는 장기간의 과제라는 특징을 잘 보여
준다. IB 교육과정에서 학습자들이 과제를 수행하는 기간과 평가

시점은 학습자의 발전적 성장 과정을 담아낼 수 있게 하는 설계의 특징을 보여 주는 지점이다. 학교급의 말미에 배치된 평가의 시기는 학습자로 하여금 그동안 학습한 내용을 총망라해 보면서, 더불어 충분한 활동 시간을 제공해 시행착오의 경험이 충분히 가능한 시간적·물리적 여건을 제공한다.

긴 호흡의 과제에서 학습자는 과제를 수행하는 동안 충분한 탐구의 과정을 경험할 수 있다. 이때 각 과정마다의 점수를 누적하지 않는 시도들은 학습자 탐구 흐름을 지속하게 보완하는 역할을 한다. 과정 점수를 크게 부여하여 유사한 비율로 분배하여 누적하는 설계는, 학습자가 끝까지 자기 과제를 탐구해도 앞서 실수나 착오가 있었다면 점수를 만회할 기회가 없다는 맥락에 처하게 한다. 따라서 중간 과정의 합산으로 결과를 평정해 내지 않는 방식은 학습자들이 자기 과제를 끊임없이 탐구하고 지속적으로 성찰하도록 함으로써 심층학습으로 나아갈 맥락을 설계하는 하나의 방식으로 고려 가능하다.

한편, 과제의 기간을 길게 한다는 것은 학습자의 심층적 탐구를 위한 물리적 여건을 마련한다는 의미이나 나아가 학습자의 높은 주체성을 요구한다는 것이기도 하다. 특히 18개월을 유지하는 CAS 활동 같은 경우 과제를 수행하려는 학습자의 지속적 의지가 매우 중요하다. 따라서 중장기적 과제 설계 시 학습자가 탐구의 흐름을 놓치지 않도록 맥락을 설계해 나가는 시도가 보완되어야 하는데, 이것이 피드백의 역할이기도 하다. IB 중핵형 활동 및 중핵교육과정은 피드백을 학습 과정의 일환으로 포함함으로써 과제의 심층적 수행을 지원한다. PYP와 MYP 모두 학습자 성찰을 구술 및 서면 등의 방식을 통해 학습의 맥락에 반복적으로 안내하고 있으며, 특히 이것이 명시화되어 있는 학교급이 DP이다.

DP의 중핵교육과정에서는 지도교사 및 코디네이터와의 면담(interview)이 의무화되고 있는데, 이렇게 의무화된 성찰 활동을 IB에서는 공식 성찰 세션(formal reflection session)이라고 일컫는다. 공식 성찰 세션은 대개 과제 진행 시기에 따라 3회(최초, 중간, 최종)로 진행되며, 학습 과정 동안 반드시 참여해야 한다.

IB의 성찰 세션 설계에서는 각 세션별로 학습자가 간과하기 쉬운 지점에 대한 예시 질문들을 제공하여 학습 경험의 방향성을 제시한다. 예컨대, 최초 세션에서는 해당 문제를 탐구하기 위해 적어낸 자료·방식들이 접근하기 용이한지부터해서 성찰 세션은 학습자가 참여하고 있는 활동의 의의와 자기 맥락에서의 연결성을 깨닫도록 유도하기 위해 설계된 과정이다. 학습자는 성찰 세션에서 자기 과제의 진행 속도를 점검할 뿐만 아니라, 교수자는 각 면담 단계에서 고려해야 할 내용을 제안하여 학습자로 하여금 과제 진행 과정에서 포함되어야 하는 학습 경험이 무엇인지를 상기시킨다.

학습자는 매 성찰 세션이 종료된 후 성찰 세션에 대한 성찰일지를 작성하는데, 이때 성찰일지는 학습자가 성찰 세션 당시의 내용을 기록하는 것이 아닌, 세션이 종료된 후 자기 과제를 비판적으로 점검해 기술하는 것이다. 성찰일지를 작성할 때 학습자는 과제를 어떻게 개발해 나갈 수 있는지에 대한 탐구를 반영하게 되는데, 이것은 학습자가 지속적으로 과제를 탐구하고 과제의 질을 향

상시켜 나갈 수 있도록 하는 맥락적 설계 방식의 하나이다. 학습
자는 성찰 과정뿐만 아니라 성찰일지를 작성하는 과정에서도 자
기 탐구를 구술, 서면으로 외현화하는 과정을 거치며 자신이 충분
히 설명하지 못했던 부분에 대해 떠올리고 과제의 질을 갱신해 나
가게 된다.

이것은 학습자가 탐구의 중심에 오도록 학습자가 과제에 대한
주도성을 가지고 과제를 발전시켜 나가되 최선의 답안을 찾아 나
가기 위해 자기 학습 경험의 통합을 이끌어 내는 융합교육 설계의
모습이기도 하다.

3) 평가 준거 간의 상호 연결을 통한 총체적 학습 경험의 유도

IB 중핵형 활동 및 중핵교육과정은 준거기반평가(criterion-
related)를 진행한다. 준거기반평가란 과제에 대한 평가를 사전에
정립된 준거치에 비추어 평가하는 방식으로, 학습자의 과제물을
각각의 차등적 준거치에 해당하는 점수로 평정하는 방법이다. IB
에서는 중핵형 활동 및 중핵교육과정에 대해 평가 기준표를 미리
제시하는데, 루브릭의 가로축에는 과제 평가 요소를, 세로축에는
각 요소별 질적 차이를 반영하고 있다. 〈표 4-6〉은 DP 과정 중
EE의 평가 기준표이다.

〈표 4-6〉 EE 평가 기준표

기준	기준 A 초점 및 방법	기준 B 지식과 이해	기준 C 비판적 사고력	기준 D 형식	기준 E 참여
배점	6	6	12	4	6
0	아래 등급 기준표에서 명시한 기준을 충족하지 못한다.				
1~2 (1~3)	• 주제가 분명하고 불완전하게 전달된다. • 연구 질문이 명시되어 있으나 분명히 표현되지 않았거나 지나치게 포괄적이다. • 연구 방법론이 제한적이다.	• 지식과 이해도가 제한적이다. • 용어와 개념의 사용이 불분명하며 제한적이다.	• 연구 자료가 제한적이다. • 제한적인 분석이 이행되었다. • 논지의 전개/평가가 제한적이다. ※ 주제 또는 연구 질문이 소논문을 등록한 과목에 부적절하다고 간주되는 경우 이 항목에 3점 이상을 부여할 수 없다.	• 형식이 수용 가능한 수준이다.	• 참여가 제한적이다. • 의사 결정 및 계획에 대한 성찰이 대체로 설명 위주이다. • 연구의 초점/연구 과정에 관한 개인적인 참여가 제한적이다.

*배점 아래 ( )는 기준 C: 비판적 사고력의 배점이다.

3~4 (4~6)	• 주제가 서술되어 있다. • 연구 질문은 명확하지만, 소논문은 논지는 부분적으로만 연구 질문과 관련이 있다. • 연구 방법론이 거의 완성되어 있다.	• 지식과 이해도가 우수하다. • 용어와 개념의 사용이 적절하다.	• 연구 자료가 적절하다. • 분석이 적절하다. • 논지의 전개/평가가 적절하다.	• 형식이 적절하다.	• 참여도가 우수하다. • 의사 결정 및 계획에 대한 성찰이 분석적이며 개념적 이해와 개인의 기술 발전에 대한 언급이 포함된다. • 연구의 초점/연구 과정에 관한 개인적인 참여가 보통 수준이며, 어느 정도의 학문적 주도성도 드러난다.
5~6 (7~9)	• 주제가 정확하고 효과적으로 서술되어있다. • 연구 질문이 분명하기 술되어 있으며 논의의 초점이 명확하다. • 연구 방법론이 완전하다.	• 지식과 이해도가 탁월하다. • 용어와 개념을 잘 활용한다.	• 연구 자료가 우수하다. • 분석이 우수하다. • 논지의 전개/평가가 우수하다.	• 형식이 우수하다.	• 참여도가 훌륭하다.
(10~ 12)	—	—	• 연구 자료가 훌륭하다. • 분석이 훌륭하다. • 논지의 전개/평가가 훌륭하다.	—	—

출처: IBO (2020c), pp. 71-76.

EE에서 평가는 과제에 담긴 지식뿐만 아니라 전체적인 인상에 의해 좌우된다. 〈표 4-6〉의 평가 준거는 학습자의 학습 방향을 안내하며 나아가 과제물의 질적 차이를 구분 짓는 역할을 한다.

EE의 평가는 지식의 이해에 기초해 동반되는 적절한 자료의 활용과 개념의 사용, 논지의 전개 형식과 참여 정도 등 학습을 위한 전반적인 성취 수준을 평가한다. 이것은 EE의 평가 준거를 통해 짐작 가능하다. '기준 A: 초점 및 방법'은 연구 문제에 대한 지속적인 탐구 여부를, '기준 B'에서는 설정한 문제에 대한 해결책을 제시하기 위해 활용하는 지식의 적절성을, '기준 C'에서는 문제에 대한 비판적 분석과 해결 방안의 제시를, '기준 D'는 형식의 구성 정도를, '기준 E'는 학습자 성찰 내용을 통한 질적 향상을 유도하는 평가 준거이다.

각각의 준거들은 상호 연결성을 가지고 있는데, '기준 A: 초점 및 방법'에서 연구 질문의 설정에 따라 기준 B와 기준 C에서 최대로 획득할 수 있는 점수의 상한선이 설정되어 있다는 점은 다섯 가지 채점 기준이 연관되어 있다는 것을 보여 주는 지점이다. 또한 〈표 4-6〉을 살펴보면 '기준 A: 초점 및 방법'의 최고점이 6점인데 반하여, '기준 C: 비판적 사고력'은 12점의 점수가 부여되어 있으며 '기준 D: 형식'에서는 4점이 배점되는 등 준거별 비중의 차이를 볼 수 있다. 이것은 소논문이라는 과제의 특성상 어떠한 수행성을 더 강조되어야 하는지를 보여 준다. 특히나 평가 기준표에서 '기준 C: 비판적 사고력'에 가장 높은 배점을 부여하고 있다는 것, 즉 자신의 논리와 관점을 강조하고 있다는 것은 중핵교육과정으로서 EE가 학습자의 주도적인 탐구 경험을 강조하고 있으며 내용의 포함 여부가 아닌 내용의 깊이에 주안점을 둔 평가가 이루어진다는 것을 알 수 있다. 따라서 과제의 고득점을 위해서는 각각의 준거들을 상호 비교해 가면서 조율해야만 하며, 이것은 결국 과제 전반의 질적 향상을 이끈다.

'기준 E: 참여'에서는 '학문적 주도성'이 주된 평가 요소로 반영된다. 흔히 태도 점수로 분류되는 이러한 기준까지 EE에서는 질적 차등에 기반해 점수를 부여한다. 참여에 대한 정도 C를 소논문 평가에 포함시킨다는 것은, 학습자의 학습에 임하는 태도를 지식에 대한 접근과 연결된 문제로 바라보고 있다는 것을 보여 준다. 다시 말해, 참여를 충분히 하였다는 것에는 그에 따른 결과로서 학문적 우수성이나 주도성으로 여겨지는 측면이 발견되어야 한다고 보며, 이것은 상호 연결된 기준들 속에서 열심히만 하는 것이 아니라 열심히 하되 적절한 방향으로 나아감으로써 과제의 질적 수준을 결정짓게 될 것이라는 것을 알 수 있다.

이상의 EE 평가의 특징은 중핵교육과정이 어떻게 지식, 기능, 태도 및 가치가 분리되지 않은 통합된 형태로서 학습하게 하는지를 잘 보여 준다. EE의 평가는 소논문의 특정 양상에 주목하기보다 전체 글의 구조와 형태, 내용 등 총체적인 결과의 평가로 진행되고 있었다.

IB의 중핵형 활동 및 중핵교육과정은 대개 이와 같은 루브릭에 기초한 준거기반평가가 이루어진다. 과제의 질적 여부를 판단하는 평가가 이루어진다. 여기서 채택하는 준거기준평가의 루브릭들은 지식이나 기능 등 특정 요소에 대한 평가가 아니라 지식, 기능, 태도 및 가치의 통합을 한데 구현하고, 과제의 질적 차별성을 둠으로써 높은 지점의 통합 경험에 다다를 수 있도록 유도하는 설계의 모습을 보여 준다.

4. 융합교육 외현의 확장

이상의 글에서는 학습자 경험 통합의 과정으로서 융합교육 설계가 어떻게 이루어질 수 있는지를 살펴보았다. IB의 중핵형 활동 및 중핵교육과정의 설계 모습은 학습자가 탐구 경험의 중심에 배치되도록 학습자의 과제 구성성을 폭넓게 부여하고, 중장기적 탐구 설계를 통해 학습자의 충분한 시행착오 경험을 허용하였으며, 상호 연계된 평가 준거들을 통해 경험의 통합을 유도하는 설계의 방식을 찾아볼 수 있었다. 이러한 특징은 교과의 경계나 특수성을 넘어서는 것으로서 학습자 맥락에서의 통합을 유도하고 있었다.

학습자의 이해가 자기 구조 속에서 조직된다는 점은 융합교육이 교과를 연계하는 설계 방식을 넘어 기존 교육과정 내에서 심층학습을 유도하는 맥락으로 재고해 보도록 한다. 이를 위해 융합교육은 외현적으로 경계를 넘나들도록 하는 접근을 넘어서 학습자 중심의 교육 패러다임의 연장선으로 학습자 경험상 자유로운 탐구 경험을 이끌어 내는 방향으로 설계하는 방향을 고민해 볼 필요가 있을 것이다.

참고문헌

강효선(2021). IB(international Baccalaureate) MYP(Middle Years Programme) 통합교육과정의 원리와 한국 교육과정에 주는 시사점. 제주대학교 대학원 박사학위논문.

교육부(2015). 2015 초·중등학교 교육과정 총론(교육부 고시 2015-74).

교육부(2021). 2022 개정 교육과정 총론 주요사항(시안).

김인(2019). 통섭과 융복합교육: 비판적 고찰. 도덕교육연구, 31(4), 61-79.

박주경, 오영열, 임희정, 강옥려, 김광수, 문성환, 이윤형(2021). 4차 산업혁명 시대 초등학생의 융합적 문제해결력 함양을 위한수업모형 탐색. 한국초등교육, 31(0), 193-209.

박현주, 심재호, 강현영, 이효녕, 이지애, 김어진, 홍창섭, 함형인, 장혜원(2019). 융합교육 종합계획 수립을 위한 기초연구. 한국과학창의재단.

백윤수, 김영민, 노석구, 이주연, 정진수, 최유현, 한혜숙, 최종현(2012). 융합인재교육(STEAM) 실행방향 정립을 위한 기초연구(2012-12). 한국과학창의재단.

손민호, 조현영, 서덕희, 이형빈(2021). 새로운 학력 평가지표 및 평가도구 개발 연구. 세종특별자치시교육청.

홍영기(2018). 미국의 사례로 본 통합교육과정의 적용과 이론적 발달. 통합교육과정연구, 12(4), 251-274.

Beane, J. A. (1995). Curriculum integration and the disciplines of knowledge. *The Phi Delta Kappan, 76*(8), 616-622.

Dewey, J. (1910). *How We Think*. D. C. Heath and Company.

Dewey, J. (2019). 경험과 교육. 엄태동 역. 박영STORY. (원서 1938년 출판).

IBO (2020a). 창의, 활동, 봉사 가이드. 대구광역시교육청, 제주특별자치도교육청 역. International Baccalaureate Organization (UK) Ltd.

(원서 2017년 출판).

IBO (2020b). 지식이론 가이드. 대구광역시교육청, 제주특별자치도교육청 역. International Baccalaureate Organization (UK) Ltd. (원서 2017년 출판).

IBO (2020c). 소논문 가이드. 대구광역시교육청, 제주특별자치도교육청 역. International Baccalaureate Organization (UK) Ltd. (원서 2017년 출판).

IBO (2020d). 디플로마 프로그램: 원리부터 실천까지. 대구광역시교육청, 제주특별자치도교육청 역. International Baccalaureate Organization (UK) Ltd. (원서 2017년 출판).

NPDL (2019). https://deep-learning.global/making-it-happen/collaborative-process/

Phil, J. (2022. 12. 20.). IB TOK essay titles and topics: May 2022. Dr Phil Joyce IB Theory of Knowledge Tutor. Available from: https://ibtokessaytutor.com/ibtokessaytopics/May2022/ib-tok-essay-titles-May-2022.shtml

Wilson, E. O. (2005). 통섭: 지식의 대통합. 최재천, 장대익 역. 사이언스북스. (원서 1998년 출판).

제5장

IB CAS 교육과정을 통해 살펴본 개념 학습에서의 학습자 주도성의 설계

1. 학습자 주도성 논의의 확대

미래사회의 변화와 함께 학교 학습에서 주목하게 된 대표적인 개념 중 하나는 학습자 주도성(student agency)이다. 특히 지난 2015년 발표된 OECD EDUCATION 2030의 중심에 학습자 주도성이 놓임에 따라 교육에서 학습자 주도성은 더 이상 낯선 용어가 아니다. 다가오는 2022 개정 교육과정에서도 미래교육의 특징으로 학습자 주도성을 명시하고 있을 만큼 학습자 주도성을 어떻게 설계할 것인지의 논의는 교육계의 핵심적인 질문이기도 하다.

학습자 주도성의 논의는 신자유주의적 논의와 함께 확산되어 왔고 학습자의 선택과 책임을 중심으로 흘러온 경향이 있다. 그러나 최근의 논의는 학습자 주도성이 단지 학습자에게 많은 선택지를 부여하는 문제에 국한되지 않으며 오히려 진정한 학습자 중심 학습은 학습자가 학습의 과정과 삶의 과정에서 주체가 될 수 있는 경험을 제공하는 것이 되어야 한다고 본다. 학습자 주도성에 관한 논의를 전개하였던 Leadbeater는 학습자 주도성에 대해 '학습자가 목적을 추구하기 위해 스스로 투자해 갈 수 있는 능력이자 자신을 불확실한 미래에 위험을 감수하면서 내던지는 것'이라고 정의하였는데, 이러한 정의는 학습자 주도성이 발현되고 그치는 결과가 아닌 학습자 삶의 과정과 불가분의 관계에 있음을 의미한다. 즉, 학습자 주도성은 학습자의 선택에 대한 결과에 주목하지 않고 수행의 과정과 그 궤적을 강조한다는 의미에서 학습에 대한 렌즈를 보다 과정적으로 두도록 한다고도 볼 수 있다.

최근 학습자 주도성을 설계하는 방식은 학생 중심 수업에 대한 접근과도 결코 다르지 않다. 물론 최근 학습자 주도성에 대한 논의는 기존 학습자 중심교육보다 더 적극적인 차원의 교육을 의미한다. 학습자 중심 수업은 논의 초반, 학습자 흥미 위주의 학습 선택권 문제에 집중되었으나, 그 논의가 더해 가면서 학습자 중심 수업이 학습자 흥미를 무조건적으로 반영하는 학습(customized learning)이 아닌 개별화 학습(personalized learning)으로서 학생의 성장과 발전을 지원하는 학습이라는 관점으로 이동하고 있다. 다시 말해서, 학습자 중심교육이 학습자의 관심과 흥미를 반영할 수 있는 선택권 및 자율성을 부여하는 차원에서 주로 논의되어 왔다면 학습자 주도 학습은 학습자가 자기주도적으로 학습의 과정과 경험을 설계해 간다는 데 주도권과 주체성의 의미를 더 부여한다. 따라서 학습자 중심교육을 표방하던 교육은 학습자를 학습의 중심으로 두려는 시도로써 학습자를 자기 삶의 주체로 확대하여 이해한다는 점에서 초점을 달리 한다.

학습자 주도성이란 학습자의 고유성을 존중하면서 사회 속에서 자신을 조율해 드러낼 수 있는 능력이다. 그리고 학습자 주도성이 드러나는 교육이란 학습자가 사회세계 속에서 자신의 삶의 과정을 선택해 나갈 수 있는 능력을 갖출 수 있도록 하는 교육의 과정을 의미한다. 따라서 학습자 주도성의 논의는 학습자 선택과 결정이 추후 학습자의 생애 진로에 어떻게 영향을 주는지까지 확대해 논의될 필요가 있으며, 바로 이러한 점에서 메타인지적인 요소 역시 중요하게 다뤄질 필요가 있다.

이러한 관점에서 메타인지적 학습의 설계는 학습자가 자기 서사 속에 자신의 위치를 파악하면서 위치 지어 나갈 수 있어야 한다. 학습자는 지식을 주어진 자원으로서 습득하는 것이 아니라, 지식의 세계와 자기의 세계를 연결시키고 확장시키려는 경험적 태도를 통해 자신의 배움을 스스로 선택하고 결정할 수 있는 힘을 길러 낼 수 있다. 이것은 OECD에서 제시한 기대-행위-성찰이라는 탐구의 사이클처럼 끊임없는 반성적 사고를 통해 자신을 학습 맥락의 주체로 거듭 유지해 나가게 한다.

Dewey는 자기 서사가 반영되지 못하는 경험은 학습자에게는 한낱 체험에 불과한 경험에 머물 수 있다는 주장과 함께 경험과 지식의 통합된 접근의 필요성을 제시하였다. 학습자를 학습 경험의 중심에 두는 이른바 학습자 주도적 학습의 설계는 곧 학습자의 삶을 반영하는 설계이자, 이를 위한 메타인지적 사고 경험을 요하는 활동이기도 하다. 학습자 주도적 학습은 단절적인 학습 제재에 대한 선택권을 반영하는 문제를 넘어 학습자의 생애 과정을 고려해 이루어질 수밖에 없다. 오늘날 지식, 기능, 태도 및 가치로 불리는 3요소들의 통합으로서 학습자 역량은 Dewey의 경험으로서 학습의 논의까지 거슬러 올라갈 수 있다. 따라서 지식과 경험이라는 이분법적 담론에서 벗어나 '학습자 주도성'에 대한 새로운 관점에서 교육과정을 설계해 보려는 시도는 결코 새로운 것이 아니다.

학습자 주도성의 설계는 상대적으로 교육과정의 자율성이 보장되는 교과 외 활동의 설계에서 좀 더 유연하게 적용 가능하다. 교과 외 활동의 경우 학교별 맥락에 맞게 자율적 구성을 허용하고 있고, 평가 역시도 열려 있어 설계 및 운영이 비교적 자유롭다. 그럼에도 불구하고 교과 외 활동은 교과 교육에 대한 보완책 정도로 활용되거나 교과 학습에서는 하지 못했던 흥미 위주의 프로그램으로 간주되는 등 교과 외 활동은 여전히 체험 중심의 활동으로 지식 학습과 분리된 형태로 접근되기도 한다. 그러나 이처럼 경험과 지식을 분리하는 입장에서 접근하는 교육의 활동들은 이른바 경험은 하되 학습과는 괴리되는 공허한 활동으로 인식되곤 한다.

이러한 관점에서 IB CAS는 좋은 예가 될 수 있다. IB CAS는 DP 중핵교육과정 활동의 하나로서, 교과와 교과 외 활동으로 구분하자면 후자에 속한다. 대개의 교육과정에서는 교과 외 활동이 부차적 위치를 차지하는 데 반해, IB에서 CAS는 교과의 융합적 영역이자 삶의 맥락과 연계되는 지점으로서 중요한 교육의 과정이다. IB는 경험과 지식의 균형을 유지하면서 오히려 CAS를 통한 심층적 배움의 가능성을 열어 두고 있어, IB DP의 CAS 설계 원리를 들여다보는 것은 교과 외 활동으로 확대되는 학습자 주도성의 논의에 중요한 시사점을 제공할 수 있을 것이다. 따라서 이하에

서는 IB CAS 프로그램에 대한 개괄적 소개와 함께 학습의 주체로
서 학습자 주도성이 어떻게 구체적인 설계의 모습으로 구현될 수
있는지 살펴보고자 한다.

2. IB CAS 프로그램

IB의 CAS 교육과정은 우리나라의 고등학교급에 해당하는 DP
프로그램에서만 찾아볼 수 있는 교육 활동이다. DP(Diploma
Programme: DP)는 16~19세 학생을 대상으로 제공되는 프로그램
으로 우리나라의 고등학교 교육과정에 해당한다.

[그림 5-1] IB DP 프레임워크

[그림 5-1]의 DP 프레임워크에 '창의·봉사·활동'으로 표현된 부분이 여기에서 살펴볼 CAS로, 이것은 창의(Creativity), 활동(Activity), 봉사(Service)의 앞글자를 따서 CAS로 명명되었다. 이중 CAS 프로그램은 학습자가 다양한 활동에 참여하면서 자신의 관심사를 이해하고 개발시켜 나가며, 나아가 타인과 함께하는 삶에 대해 이해하도록 개발된 활동이다. CAS 각 영역에 대한 설명과 세부 목록을 정리하면 〈표 5-1〉과 같다.

〈표 5-1〉 CAS 영역별 소개

영역	내용	예시
창의 (Creativity)	독창적이거나 해석적인 작품 또는 공연으로 이어질 수 있는 탐구적이며 확장적인 아이디어를 개발해 가는 활동	시각, 공연 예술, 디지털 디자인, 작문, 영화, 요리, 공예, 작곡 등
활동 (Activity)	건강한 생활방식에 기여하는 신체적인 활동	개별 또는 팀 스포츠 활동, 유산소 운동, 댄스, 실외 여가활동, 체력 단련 등
봉사 (Service)	지역 공동체의 실질적인 요구와 필요에 따른 참여와 협력 활동	직접 봉사, 간접 봉사, 옹호 활동, 연구

CAS 프로그램은 〈표 5-1〉에 제시된 C, A, S 세 요소를 균형 있게 설계해 진행하며, 때로는 2개 영역 이상의 조합을 통해 활동을 진행할 수도 있다. 활동의 개수는 학습자마다 다양할 수 있으며, 모든 학습자는 1개 이상의 CAS 프로젝트에 참여해야 한다. CAS

프로젝트는 타인과 협력하여 진행하는 프로그램으로 CAS 활동과 내용은 동일하되 함께 진행한다는 점이 차별적이다.

CAS 프로그램은 디플로마 과정 중 18개월의 기간 동안 진행한다. CAS는 자신의 관심사를 실제 수행하는 활동으로서 학습자는 장기간에 걸쳐 자신의 계획을 실천으로 옮기고 구현해 내는 과정에 참여하게 된다. 18개월의 기간 동안 학습자는 다양한 CAS 활동을 기획해 운영할 수 있다. 활동은 일회적인 활동일 수도 있으며, 중장기적인 프로젝트일 수 있다. 이는 학습자가 판단하여 진행한다. 다만 모두 다른 활동을 진행하더라도 18개월에 걸쳐 지속적으로 진행해야 하며, 활동은 교과 외 시간을 활용해 추진한다. CAS 프로그램에 대한 참여 내용은 포트폴리오로 제작하며 포트폴리오는 필수로 일곱 가지의 학습결과물을 포함해야 한다. CAS 프로그램이 종료된 후에 학습자들은 포트폴리오를 학교에 제출하며, CAS 프로그램의 이수 여부는 학습결과물의 충족 여부를 바탕으로 P/F로 평가된다. 본 프로그램을 이수하지 못할 경우 디플로마 이수가 불가능하다.

3. IB CAS의 설계 원리

1) 학습 경험의 맥락적 확장

학습 경험이란 학습자 맥락에서 연속적으로 이어진다는 점을 고려한다면 활동기간을 임의적으로 상정하는 것은 오히려 학습자에게는 단절된 경험이 될 수 있다. 따라서 학습자가 학습 과정에서 자기 서사를 만들어 갈 수 있도록 하는 것은 학습 경험상에서는 보다 자연스러운 경험이라고 할 수 있다.

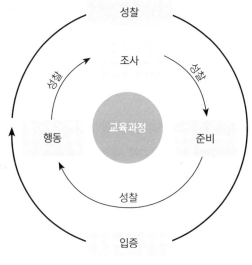

[그림 5-2] CAS 단계

[그림 5-2]는 CAS 수행의 다섯 가지 국면을 보여 준다. CAS 단계는 외곽원에 해당하는 성찰과 입증 그리고 조사와 행동, 준비 일련의 과정을 모두 포함한다. 5개 단계는 순환적으로 작동하는데 이것은 학습자의 학습 경험으로 실천에 해당하는 '행동' 영역뿐만 아니라 실천에 옮기기까지의 조사와 준비 단계까지를 일련의 학습 경험으로 포함하려는 CAS 설계의 특징을 보여 준다. 이것은 CAS 활동을 거치며 학습자가 실시해야 하는 경험을 나열한

것으로, 물리적인 시간의 사이클이 아니라 학습자 경험의 시점에서 활동을 조명하려는 특징을 보인다.

IB CAS 활동은 학습의 기간을 학습자가 설정하도록 열어 두고 있다는 특징을 갖는다. 학습자는 자기 학습을 설계하면서 활동의 기간을 정할 수 있는데 실제로 CAS 활동의 마무리 시점을 학습자가 선정하는 것이 이에 해당한다. 학습자가 기간을 설정한다는 것은 단순히 수행 여부보다 수행의 질, 특히 학습자가 평가한 자기 맥락에서의 활동의 질에 근거해 활동을 평가해 가면서 마칠 수 있도록 한다는 의미이기도 한데, 이와 같은 설계로 인해 CAS 활동에서 학습자는 자기 활동을 성찰하면서 미비점을 다음 활동으로 연결시킬 수 있는 여지가 있으며, 이것은 활동에 대한 충분한 시행착오 가능성을 열어 둠을 의미한다. 특히 학습자가 판단하기에 이만하면 됐다고 평가할 때까지 활동이 가능하다는 데서부터 경험의 주체가 학습자임을 보여 주기도 한다.

물론 IB에서도 기간상 제한을 두는 영역이 있다. 가이드라인에 의하면 CAS 프로젝트는 최소 한 달 이상 진행해야 한다. 따라서 학습자에게 기간에 대한 제한이 생겼다고 할 수 있으나 이때 IB에서 규정하는 참여 기간은 활동을 완수해 가기까지의 일련의 기간을 포함한다는 데서 학습자 경험의 흐름이 반영된다. 가령, CAS 프로젝트로 '학습자들이 벽화 그리기를 계획하고 설계하여 추진한다'는 것을 목적으로 할 경우 학습자들은 어떤 지역에 어떤 이유에서 벽화 그리기가 필요하며, 이를 위해 소요되는 예산과 자원, 기간은 어떻게 할 것인지, 어떤 동의를 구해야 하는지 등의 일런의 협의 과정을 모두 CAS 프로젝트로 포함한다. 이러한 특징은 학습자의 협의 과정에 대한 중요성을 보여 주면서 수행 결과뿐만 아니라 활동 과정을 중시하며 프로젝트에 참여해 간다는 것을 의미한다.

　IB CAS 설계는 활동을 설계하는 단계부터 학습자가 활동을 종료하는 기간까지 학습자의 활동에 포함시킨다. 학습자가 과정을 설계하는 기간 역시 중요한 학습의 경험이라는 점, 그리고 그가 활동을 마치고 활동을 되돌아보며 보완할 점을 찾고, 자기를 찾아가는 것까지를 포함한다면 학습 경험의 범위는 더 광범위해질 수 있다. 이러한 CAS 프로그램에서의 학습 맥락의 확장은 〈표 5-2〉의 목적을 통해서도 잘 드러난다.

〈표 5-2〉 CAS 프로그램의 목적

CAS 프로그램은 다음과 같은 학생을 양성하는 것을 목표로 한다.

- 다양한 CAS 활동을 즐기고 그 안에서의 의미를 찾는다.
- 목적을 가지고 자신의 경험에 대해 성찰한다.
- 목표를 찾고 전략을 개발하며 개인 성장을 위해 다음 행동을 결정한다.
- 새로운 가능성을 탐구하고 새로운 문제를 받아들이며 새로운 역할에 적용한다.
- 계획되고 지속적이며 협력적인 CAS 프로젝트에 적극적으로 참여한다.
- 서로와 환경에 대한 책임감을 가진 지역 및 세계 공동체의 일원임을 이해한다.

2) 자아 성찰과 자기 평가의 과정

IB CAS는 활동의 주제와 내용을 학습자 스스로 선정할 수 있다. 다시 말해서, 학습자의 흥미와 개성을 충분히 반영하는 활동 설계가 가능하다는 것이다. CAS 프로그램은 C, A, S 3개 영역에 대해 학습자가 자기 흥미를 바탕으로 계획을 수립하고 실행에 옮기는 활동으로, 활동 주제뿐만 아니라 활동의 구체적인 수행 방안부터 수정까지 자기주도적으로 해내야 한다.

예컨대, 플로깅 활동을 진행한다 하더라도 학습자마다 자기 체력과 흥미 등에 따라 활동이 달라질 수 있으며, 자신이 동원할 수 있는 자원들에 따라서 활동의 세부 계획들을 다르게 수립할 수 있다. 〈표 5-3〉은 IB에서 정의하는 CAS 프로그램의 봉사활동의 세부 영역이다.

〈표 5-3〉 CAS 봉사에 대한 접근 방법

- 봉사활동의 네 가지 유형
  - 직접 봉사: 타인 또는 환경 등 수혜자가 분명히 정해져 있는 활동
  - 간접 봉사: 수혜자를 직접 볼 수는 없지만 공동체나 환경에 유익한 영향을 끼칠 수 있는 활동
  - 옹호 활동: 공익 이슈를 해결하기 위한 행동을 촉구하는 활동
  - 연구: 다양한 정보를 수집하고 데이터를 분석하여 주제에 대해 보고하여 정책에 영향을 미칠 수 있는 활동
- 봉사에 대한 접근 방법
  - 중장기적 봉사활동
  - 즉각적인 필요에 의한 봉사활동

-자원봉사
-교내 봉사활동
-기금 마련
-교육과정 안에서의 봉사
-공동체 봉사활동
-국제봉사

　IB의 봉사활동은 직접 봉사 외에도 다양한 활동 영역을 포괄한다. 학습자는 이들 영역을 참고하여 자기 봉사활동을 기획할 수 있는데, 예컨대 세계적 문제 해결을 위한 연구 활동 역시 봉사활동에 해당할 수 있다. CAS 프로그램에서 제시하는 봉사활동의 범주는 학습자로 하여금 자신의 위치에서 자신이 가장 잘 참여할 수 있는 봉사활동이 무엇인지 판단해 보도록 하고, 이를 통해 자기 강점 및 자기 흥미를 다양한 방식으로 표현해 볼 수 있는 기회를 제공한다. 대개 봉사활동은 직접적인 활동을 통해 사회에 기여하는 것을 기대하지만, IB는 세계와의 관계를 확대해 조명해 보도록 함으로써 다양한 봉사활동이 가능함을 보여 주며 학습자가 자신의 위치에서 가장 잘 기여할 수 있는 바가 무엇인지를 고민하도록 한다.

　CAS 프로그램은 타인과의 경쟁이 아닌 학습자의 자발적 참여를 통해 이루어지는 체험활동으로서 학습자들이 유사한 주제 혹은 동일한 주제로 활동을 전개하더라도 문제가 되지 않는다. 학습자가 가지고 있는 배경 지식이 다르고 각각의 학습 경험이 다르기 때문에 활동이 동일하다고 해서 학습자의 경험 역시 동일했을 것이라고 볼 수 없기 때문이다. CAS 프로그램의 평가 설계는 학습자들이 자기 탐구의 과정에 주목하고 독창적인 결과물을 만드는 중요한 설계 요소를 반영한다. CAS 프로그램의 평가는 포트폴리오에 기반한 P/F 방식을 채택하고 있다. 〈표 5-4〉는 CAS 학습결과물 목록을 보여 준다.

〈표 5-4〉 CAS 학습결과물 목록

학습결과물	내용
학습결과물 1	자신의 장점을 찾고 성장 분야를 개발한다.
학습결과물 2	도전 과제를 수행하였으며, 그 과정에서 새로운 역량을 개발했다는 것을 증명한다.
학습결과물 3	CAS 활동을 추진하고 계획하는 방법을 증명한다.
학습결과물 4	CAS 활동에서의 노력과 인내심을 보여 준다.
학습결과물 5	개인의 역량을 입증하고 협력의 이점을 인식한다.
학습결과물 6	세계적으로 중요성을 지닌 이슈에 참여했다는 것을 증명한다.
학습결과물 7	선택과 행동에 대한 윤리적 측면을 자각하고 고려한다.

이와 같은 CAS의 학습결과물을 제출하기 위해 학습자들의 자기 이해는 활동에 필수적으로 선행될 수밖에 없다. 예를 들어, '도전 과제를 수행하였으며, 그 과정에서 새로운 역량을 개발했다는 것을 증명합니다'라는 두 번째 학습결과물은 학습자가 도전적이라고 볼 수 있는 과제를 선정하고 이전과 달라진 자신의 모습을 스스로 의식하도록 요구한다. 나아가 다음과 같은 학습결과물이 과

제 수행에 앞서 제시된다는 것은 학습자가 과제 수행을 위해 학습자는 자신에게 도전적인 과제가 무엇이며 이것이 자기 계발과 어떻게 연결되는지를 인식하도록 미리 염두에 두도록 한다.

따라서 동일한 활동을 하더라도 그 비교의 대상은 학습자 자기 자신이지, 다른 학생이 아니다. 예컨대, 조깅 활동을 CAS 활동으로 설정한 두 학생이 있다고 가정할 때 매일같이 조깅을 하는 학생과 평소 운동량이 부족해 조깅을 주 3회 짧게나마 목표로 한 학생이 있다고 해도 이러한 활동 내용과 결과만으로 활동을 평가하지 않는다. CAS에서 활동을 평가하는 기준은 시간과 양, 규모 등이 아니라 학습자의 꾸준한 참여와 그를 통한 성장 과정에 주안점을 둔다.

나아가 CAS 평가가 포트폴리오에 기반해 이루어진다는 것은 학습의 결과를 총체적으로 평가한다는 것, 즉 학습자가 시간을 채우는 활동이 아닌 활동의 질과 과정에 집중하도록 유도하고 있음을 보여 준다. 학습자들은 CAS 프로그램을 마치며 포트폴리오를 학교에 제출해야 하는데, 이때 포트폴리오의 양식은 자유롭게 하되 공통적으로 아래의 학습결과물 목록은 모두 포함해야 한다. 특히 제시된 학습결과물의 목록은 모두 학습자의 평가와 해석을 요하는 것들이라 학습자는 학습결과물을 제시하기 위해서 어떤 활동을 했는지보다는 활동을 통해 무엇을 배웠는지, 무엇이 변화되었는지 학습의 과정에 더욱 주안점을 두고 자기 활동을 복기하게 된다.

여기서 P/F라는 평가의 방식은 학습자가 경쟁적으로 본 과제에 참여하기보다, 자기 발전과 성찰을 요구하는 활동의 목표를 갖는 것을 의미한다. CAS에서 평가의 비교 대상은 타인의 과제가 아니라 학습자의 자신이다.

3) 경험의 연계로서 탐구 경험의 설계

　IB는 교수학습 설계 원리로서 '성찰'을 적극적으로 설계하는 것을 중시한다. 특히 CAS의 설계는 이러한 특징을 잘 보여 주는 과정 중 하나이다.

　CAS 활동에서의 성찰은 학습자가 전체 교육활동 낱낱의 경험을 분산적으로 인식하지 않고 자기 맥락 속에서 연결 짓도록 한다. 〈표 5-5〉는 CAS 가이드라인에 제시된 CAS 성찰에 관한 내용이다.

〈표 5-5〉 CAS 성찰의 4요소

CAS 성찰 과정에는 네 가지 요소가 작용한다. 처음 두 가지 요소는 성찰의 토대를 구성한다.

- 일어났던 일 서술하기: 학생은 기억할 만한 순간을 말하면서 중요하거나 영향을 미쳤던 일, 잘 진행된 일과 어려웠던 일, 시련과 성공을 구별한다.
- 감정 표현하기: 경험에 대한 정서적 반응을 분명하게 표현한다.

다음의 두 가지 요소가 깊이를 더하고 관점을 넓힌다.

- 아이디어 제시: 선택과 행동을 재고하거나 재조사해 자아와 상황에 대해 정확히 인식한다.
- 질문 제기: 사람과 프로세스, 이슈에 대한 질문을 던져 사고하며 지속적으로 탐구한다.

CAS 성찰의 네 요소로 제시된 것 중 위 2개의 요소는 발생했던 일과 그 당시의 경험에 대한 회고적인 기록에 해당하는 반면, 아래 2개의 요소는 일어났던 일에 기초하여 경험을 확장시켜 나가도록 하는 내용들이다. 이처럼 IB CAS 성찰의 요소는 과거에 일어났던 일-현재의 해석-미래로의 연결이라는 일련의 서사를 형성하도록 설계하고 있다. 이는 학습자가 수립한 계획의 실천이 종료되었다고 해서 단절시키는 것이 아니라 그것을 하나의 과정으로 삼아 다음의 자기 삶과 연결시킬 수 있도록 학습자를 지원하기도 한다. 성찰은 활동이 종료된 후에 수행되는 것이 아니라 활동 과정 중에도 작동하는 심층적 경험 구성의 기제로 활용된다. 본 활동의 의미가 무엇인지를 일깨워 활동이 자기 경험과 분리되지 않고 목적성을 잃지 않도록 하는 것이 성찰 활동의 역할이다. IB에서는 성찰 활동을 설계함으로써 경험의 의미를 확장하고 내면화시키고자 한다.

앞선 CAS 활동의 5단계에서도 찾아볼 수 있듯 CAS에서 성찰은 모든 활동 과정에서 일어남과 동시에, 입증을 위한 명시적인 활동으로 설계된다. IB는 학습자가 CAS 활동 중 코디네이터 및 지도교사와 반드시 진행해야 하는 공식 성찰 세션을 둠으로써 학습자의 활동이 학습자 개인의 의미 구성은 물론 학습 목표와의 연관 속에 경험해야 할 것이 무엇인지를 일깨워 주는 역할을 한다.

다음으로 DP 프로그램의 교육과정 간 연결성도 중요한 설계 특징으로 살펴볼 수 있다. 고등교육을 준비하는 DP는 이른바 학문 중심의 교육과정이라고 알려져 있다. DP에서는 간학문, 초학문적 접근을 시도하던 앞선 학교급들에 비해 분과 학문의 경계가 매우 뚜렷해지고 평가 설계 역시 체계화되어 제시된다. 이때 DP 프레임워크에서 교과 원 안에 내접하고 있는 지식이론, 소논문, CAS와 같은 중핵교육과정은 DP에서 간학문, 초학문적 의의를 띠는 활동으로서 분과 학문의 경계를 허물고 통합적 사고를 촉진하는 활동으로 기능한다. 이 중 CAS는 분과별 학문 내용에 자기 개성을 보다 다양한 방향으로 표현할 수 있는 기회를 제공하고 삶의 맥락으로 학문 내용을 직접적으로 적용하는 경험을 제공한다.

이처럼 CAS 활동은 교과 학습과의 연계를 통해 학습 내용을 심층적 탐구로 이끌도록 돕는다. 이는 머릿속 인지 활동으로 머물 수 있는 경험을 학습자의 실제 세계로 확장시키는 경험을 통해 다양한 시행착오와 맥락에 대한 경험으로 학습 세계의 확장을 경험하도록 만든다.

IB DP의 모든 교과 내용은 각각의 교과 활동이 어떻게 다른 교과 혹은 중핵교육과정과 상호보완적인 관계를 형성하고 있는지 연결 짓는 것에 많은 노력을 기울이고 있다는 것을 교과 가이드북 곳곳에서 찾아볼 수 있다. 〈표 5-6〉은 CAS와 IB DP의 프로그램 간 연계성을 정리한 것이다.

〈표 5-6〉 CAS와 디플로마 프로그램의 연계성

범주	내용
교과와의 연계성	교과군 2(언어와 문학): 학생들은 언어 수업을 필요로 하는 이들에게 수업을 제공하고, 테크놀로지를 사용하여 언어 가이드를 개발하거나 학습 언어의 문화적 배경에 대한 인식을 높이기 위해 웹사이트 또는 다른 의사소통의 수단을 활용할 수 있다.
TOK와의 연계성	중요한 정보원으로서 학생에게 다양하고 도전 정신을 북돋우는 상황 속에서 세계에 대한 인식을 얻을 수 있는 기회를 제공한다. 공유지식은 (중략) 다른 공동체와 문화에 대한 이해를 심화할 수 있는 지식이론 토론에 참여할 수 있다. (중략) CAS의 창의성의 일환으로 시각 예술 활동에 참여하는 학생의 경우 '지식 습득 방식'의 역할을 하는 직관과 상상력에 대해 성찰할 수 있다.
EE와의 연계성	CAS 활동을 통해 지역 수준에서 특정 세계적 이슈를 다룸으로써 학문적 연구를 통해 해당 이슈를 더욱 깊이 이해하고자 하는 관심이 생길 수도 있다. 학생들은 CAS를 진행하는 동안 발생할 수 있는 이슈를 소논문과 세계학 소논문을 통해 탐구할 수 있다.

〈표 5-6〉에 제시된 바와 같이 CAS는 디플로마 전 과정과 연결된다. 만약 CAS에서 관심을 갖고 활동한 내용은 EE를 통해 학술연구로 이어질 수 있다. 또한 교과 학습에서는 학습자의 교과 지식이 도구가 되어 CAS 활동을 설계하고 이를 통해 다시금 교과 학습을 심화시킬 수도 있다. 뿐만 아니라 CAS의 경험은 학습자가 가질 수 있는 새로운 앎의 창구로서 TOK 활동을 통해 앎을 이해하는 데 도움을 줄 수 있으며, 나아가 교과 학습을 비롯해 DP 학

습에서 배운 바를 경험을 통해 성찰하는 기회가 되기도 한다.

이것은 학습의 경험이 학문적 경계로 단절되지 않고 연속성을 가지고 학습될 수 있도록 하는 원리로서, IB는 이를 학습의 동시 성이라고 설명한다. 동시성이란 교수학습적으로는 균형 잡힌 학 습을 가능하게 하는 원리이지만 학습자에게는 경험의 연결성을 보장하는 방법이기도 하다. 이와 같은 과정의 설계는 학습자의 탐구 경험을 심층적으로 유도한다. 이는 학습자에게 자신의 탐구 내용들을 충분히 심화시킬 기회를 교육과정 내에서 보장받는 것 과 다름없다. 이를 통해 탐구의 맥락이 끊기지 않고, 오히려 다양 한 방법으로 이를 조명하고, 시험함으로써 탐구 경험의 연속성을 기대할 수 있다. 학습자에게 CAS는 독립적인 활동이 아닌 자기 탐구를 심층시켜 나가는 전체 과정과 연계된 활동으로, CAS의 연 계성은 단순히 지식 학습에 대한 보완수단으로서 경험을 통한 학 습이 자리하는 것이 아니라, 학습자가 앎을 통합할 수 있는 장을 마련하는 역할을 하게 된다.

CAS 프로그램의 연속성은 DP 내에서만이 아니라, PYP-MYP 에서도 확인 가능하다. 초등교육과정인 PYP 과정은 그 자체로 통합적인 교육과정을 지향하고 있으며 나아가 CAS에서 진행하 는 중장기 프로젝트는 PYP 학습자의 전시회적 성격과도 유사함 을 보인다. 또한 MYP에서는 CAS의 성격이 직접적으로 개인 프로 젝트·공동체 프로젝트를 통해 드러난다. PYP와 MYP 프로젝트 는 CAS 활동의 축소판처럼 매우 유사한 절차와 방식으로 학습자 들이 탐구 활동을 설계하여 참여하게 되는데 이러한 과정을 통해

DP의 CAS 활동은 무르익게 된다.

〈표 5-7〉 IB PYP-MYP-DP의 경험교육 활동의 연계성

	PYP	MYP	DP
활동명	전시회	개인 프로젝트 · 공동체 프로젝트	CAS
활동기간	주간 운영	개인: 30시간 공동체: 15시간	18개월간 지속
활동 내용	초학문적 주제 중 세부주제를 선정해 탐구	관심사를 반영한 탐구	관심사를 반영하여 C, A, S 영역에 대해 고른 탐구

　　IB 전 과정에 거쳐 자기 탐구 문제를 상정하고 표현해 보려는 시도가 반복되기 때문에 탐구 활동을 통한 삶의 맥락으로의 참여가 학습자에게는 낯선 문제로 여겨지지 않는다. 〈표 5-7〉을 통해 알 수 있듯, PYP → MYP → DP로 나아갈수록 활동기간을 비롯한 활동 내용의 폭이 넓어짐을 확인할 수 있다. 이러한 심화된 활동 설계는 발달단계에 따라 스스로 주도적으로 탐구를 이끌어가도록 한 경험 설계의 연속적 특성을 보인다.

　　이처럼 IB CAS는 활동 내, 학교급 내, 학교급 간 경험을 통한 학습 과정에 연속성을 설계함으로써 단순한 체험학습을 넘어 학습자를 자신의 삶의 맥락 가운데 지식 구성의 주체로서 참여를 적극적으로 유도하고자 하고 있다.

4. IB CAS 교육과정의 학습자 주도성과 개념 학습

개념 학습이 단순히 지식과 기능적 요소의 습득이 아닌 전이 가능한 수준의 빅 아이디어를 반영하는 문제라고 할 때, IB CAS는 학습자 주도성을 길러 내기 위한 경험의 기회를 얼마나 다양한 방식으로 설계 원리화하고 있는지 보여 주고 있다. 여기에서 살펴본 IB CAS의 설계 원리는 학습자의 주도성으로서 학습자의 학습 선택권을 과목 선택이나 학습 소재의 선택 수준에서 다루고 있지 않음을 잘 보여 준다. 예를 들어, IB CAS에서 학습자가 학습 경험의 맥락을 확장시킨다는 것은 단순히 지식을 자신의 실생활 맥락에 적용하는 문제가 아니다. 오히려 학습 과정 전반에서의 계획과 실행, 성찰의 모든 단계에서의 학습 과정을 스스로 기획하고 수정하고 보완하는 것, 또한 자신의 학습 과정을 입증하기 위한 자료를 조사하고 성찰하는 것에 이르는 메타적 학습의 과정 전반을 의미한다. 다시 말해서, 학습 내용 자체에 대한 성찰을 넘어서 자기 활동에 대한 메타적 성찰 과정으로까지의 확장을 학습 경험의 맥락으로 상정하고 내용 중심의 성찰보다 다층적인 성찰 과정을 요구하는 것이다.

결국 이러한 차원의 성찰을 위해서는 지식과 기능에 대한 학습에 더해 학습에 임하는 태도적 측면과 자신의 관점과 견해 등을 반영하여 학습 전반을 스스로 조절해 나가는 힘을 길러야 하는 문제에 학습자는 놓이게 된다. 학습자는 스스로 주제와 활동 과정 전반에서의 크고 작은 선택을 하게 되고 이러한 과정에서 목표를 수립하고 수행해 나가고 보완하고 수정하면서 자신의 학습 과정에 대한 성찰과 평가를 하게 된다. 이는 외부에서 주어진 학습의 조건에 자신의 결과물을 맞추어 나가는 것보다 더욱 강력한 자기 성찰적 기회를 제공하게 된다.

　IB CAS의 이러한 설계 원리는 교과 간의 연계, 학교급 간 연계 등 모든 학습 경험 간의 연계를 강조하며 학습자 경험의 단절성을 지양한다. 학습자의 모든 경험은 교과 간의 경계, 학년 간의 연계 등에서 벗어나 모든 삶의 맥락에서 유의미하고 실용적인 지식임을 인식하도록 하는 계기를 제공한다. 학습자의 이러한 경험은 지식을 무미건조한 텍스트로만 보는 것이 아닌 살아 있는 삶의 경험으로서 컨텍스트적 경험의 성격을 띠게 한다. 이러한 맥락에서 개념 학습은 학습자에게 살아 있는 지식으로서 학습의 생동감을 갖도록 해 주는 학습 맥락의 촘촘한 설계라는 것을 IB CAS의 설계는 잘 보여 주고 있다.

참고문헌

강익수, 박하식, 백경선(2008). 세계화에 대비하는 고교 교육과정의 구성 방향 탐색: 균형 있는 교육과정 구성을 위한 시론(試論). 교육과정연구, 26(3), 69-96.

강익수, 박하식, 홍후조(2007). 학습자의 진로를 고려한 IB Diploma 이수모형에 관한 연구. 교육과정연구, 25(3), 49-80.

고미숙(2006). 체험교육의 의미. 아시아교육연구, 7(1), 133-162.

김종훈(2022). 미래교육 담론에 나타난 학생 행위주체성 개념 탐색: OECD Education 2030 프로젝트에 대한 (재)해석. 교육과정연구, 40(2), 181-202.

남미자, 김영미, 김지원, 박은주, 박진아, 이혜정(2019). 학습자 주도성의 교육적 함의와 공교육에서의 실현가능성 탐색(기본연구 2019-04). 경기도교육연구원.

박세훈, 장인실(2019). 창의적 체험활동 교육과정 분석을 통한 역량 연구. 교육과정연구, 37(4), 51-71.

박세훈, 장인실(2022). 역량 중심의 창의적 체험활동을 위한 국가 수준 교육과정 설계 방안 탐색. 학습자중심교과교육학회, 22(12), 53-64.

손민호, 조현영, 진동섭, 김기홍, 박진희(2018). 고교 단계 IB AP 교육과정 적용방안 연구(교육부-위탁-2018-13). 교육부.

유영만(2003). 실천학습(Action Learning)에 '실천(Action)'과 '학습(Learning)'이 존재하는가?: '실천'과 '학습' 없는 실천학습에 대한 비판적 논의의 서곡. 지식경영연구, 4(2), 55-77.

이경진, 천단(2019). 한·중 초등학교의 교과 외 활동 교육과정의 비교: 한국의 '창의적 체험활동'과 중국의 '종합적 실천활동'을 중심으로. 예술인문사회 융합 멀티미디어 논문지, 9(6), 155-163.

이광우, 김수동(2004). 학습자 중심 교육과정 운영을 위한 체험학습의 활성화 조건탐색. 교육방법연구, 16(2), 133-160.

이광우, 민용성, 정영근(2006). 외국의 특별활동 교육 운영 동향의 비교 분석 및 그 정책적 함의. 비교교육연구, 16(3), 95-117.

이혜정, 이범, 김진우, 박하식, 송재범, 하화주, 홍영일(2019). IB를 말한다: 대한민국 미래교육을 위한 제안. 창비교육.

정윤경(2011). '창의적 체험 활동'에 관한 이론적 고찰-체험 활동의 교육적 가치를 중심으로. 한국교육학연구, 17(2), 73-95.

조윤정(2017). 학습자 주도 학습의 의미와 가능성(이슈 2017-07). 경기도교육연구원.

Bartkus, R. K., & Gardner, D. P. (2012). Clarifying the meaning of extracurricular activity: *A literature review of literatures. American Journal of Business Education, 5*(6), 693-704.

IBO (2015). *Creativity, Activity, Service Teacher Support Material.* International Baccalaureate Organization (UK) Ltd.

IBO (2020). *Creativity, Activity, Service Guide.* International Baccalaureate Organization (UK) Ltd.

Leadbeater, C. (2017). *Student Agency: Learning to Make a Difference.* Centre for Strategic Education.

OECD (2019). *OECD Future of Education and Skills 2030 Conceptual Learning Framework: Student Agency for 2030.*

제6장

개념의 이해와
탐구 과정에서의 경험:
TOK

IB 프로그램은 개념 이해에 기반한 탐구 중심의 교육과정으로 학습자의 적극적인 참여와 개념 이해를 위한 탐구 경험에 중점을 둔다. 이 교육과정에서 개념은 학제 간 통합과 교육과정에 일관성을 부여하는 동시에 학습자에게 광범위하고 균형 잡힌 학습의 과정을 경험하게 한다. 학습의 과정이 개념 이해에 기반한다는 것은 단순히 사실적 정보나 명시적 지식을 암기하여 많은 내용을 외우고 습득하는 것을 수업의 목표로 삼는다는 것이 아니라 학습자가 중심이 되어 학습 과정에서 추상화된 개념이 의미하는 바의 원리와 관계를 직접 학습하게 하는 것에 초점을 맞춘다는 의미이다(diSessa & Sherin, 1998). 개념은 우리의 인식과 경험을 바탕으로 복잡한 세계를 분류하고 일반화하여 생성된 공유된 관념이라 말할 수 있다(Murphy, 2010). 이러한 개념은 실제 세계에서 직접적인 경험과 감각 정보를 수집하고 관찰하여 반복되는 패턴을 식별한 후, 현상에서 일반적인 본질을 추상화하여 정신적 표상으로 생성한 것이기 때문에 개념을 이해한다는 것은 실제에 대한 이해의 기초를 형성하는 데 중요하다(Dewey, 1938).

　학습자가 이러한 개념 이해의 과정에서 어떠한 경험을 학습하는지 IB 디플로마 프로그램의 지식론(Theory of Knowledge: TOK) 교육과정을 통해 살펴보고자 한다.

1. 개념의 이해: 추상적 지식과 수행적 사고의 차이

추상적 개념이 의미하는 바에 대해서 학습자가 알고 있다는 것과 학습자가 직접 경험함으로써 과정 중에 개념의 의미를 알게 되었다는 것은 어떻게 다른 것일까?

추상적 개념이 무엇을 의미하는지 아는 것은 일반적으로 교과서나 강의와 같은 이차 텍스트로부터 수동적으로 습득하게 되는 개념의 지적 이해 상태를 의미한다(Seven, 2020). 개념에 대해 명시화된 정의, 이론 또는 원리를 설명하는 것과 같이 다른 사람이 제시한 정보를 전달받아 직접 경험하거나 적용하지 않고도 학습자는 개념에 대한 지식을 얻게 된다. 이러한 방법은 많은 양의 정보를 전달하는 데는 효율적일 수 있지만 실제와의 맥락적 연결 없이 추상적 개념에 대해 온전히 이해하는 것은 어려울 수 있다 (Micallef & Newton, 2022).

반면에, 경험을 통해 개념의 의미를 알게 되었다는 것은 학습자가 실제 상황에 능동적으로 참여하여 직접적인 경험과 관찰의 방법으로 실천적 사고의 과정 중에 이해했음을 의미한다. 탐구는 학습자가 실제 맥락에서 개념이나 원리와 직접 상호작용하면서 개념의 의미를 심화시키고 학습 경험을 더욱 의미 있게 만드는 역동적인 과정이다. 탐구, 발견 그리고 성찰 등의 방법은 이론과 실천 사이의 간극을 메우고, 학습자가 추상적 개념을 실제 사례나 자기 경험과 연결하여 보다 효과적으로 내면화할 수 있도록 도와준다(Dewey, 1916).

　두 가지 방법의 차이점은 학습자 이해의 깊이와 개념의 내면화에 있다. 그러나 두 가지 유형의 학습이 상호 배타적이지 않다는 것에 우리는 주목할 필요가 있으며 중요한 점은 두 방법 중 어느 하나를 선택해야 하는 문제가 아닌, 상호보완적으로 접근될 때 학습자의 깊은 개념 이해에 더 도움을 줄 수 있다는 것이다(McPhail, 2020). IB는 이러한 방법을 교육과정 중 프레임워크에서 구체화하고 있다. 특히 TOK는 학습자에게 최소 100시간의 수업을 통해 지식의 본질과 지식이 어떻게 구성되는지를 성찰하여 이러한 개념이 어떻게 이해되는지에 관한 과정을 탐구하게 한다. IB 교육과정의 특성은 학습자가 다양한 주제 영역과 교과 영역에 걸쳐 개념을 적용하여 다양한 맥락에서 개념이 이해될 수 있도록 학습하게 하는 데 있다. 과정 중에 제시된 지식 질문은 학습자가 조사하고 질문하고 탐구하는 데 초점화하여 개념에 대한 더 깊은 이해를 가능하게 한다.

　IB의 교육과정은 학습자의 직접 경험과 성찰적 학습 과정의 균형을 통해 개념에 대한 총체적인 이해가 이루어질 수 있도록 설계된다. IB는 학습자의 성찰, 비판적 사고, 토론과 같은 인지적 과정을 통해 개념의 내면화를 촉진하여 경험적 학습을 보완하고, 빅

아이디어 수준의 개념을 학습자가 이해하고 다양한 맥락에 활용
할 수 있게 한다. 이 과정에서 학습자는 주변 세계를 탐색하며 개
념의 이해를 실제에서 구체화하는 경험을 하는 동시에 교과 영역
간 경계를 넘어 통합적으로 탐구할 수 있다.

예를 들어, IB의 교육과정에서 '책임감'의 개념을 탐구하여 이해
하고자 할 때, 이 개념은 다양한 방식으로 구현될 수 있다. 책임감
개념의 정의는 가장 넓은 의미에서 자신의 힘, 통제 또는 관리 내
에서 어떤 것에 대해 책임을 지거나 의무를 성실히 수행하려는 의
지와 의무감을 의미한다. 의무, 신뢰의 개념을 포함하여 한 사람
의 행동과 그 결과에 대한 도덕적·법적 또는 정신적 책임을 의미
한다. TOK에서 학습자는 '지식 생산 및 보급'과 관련된 책임을 탐
구할 수 있다. 학습자는 '연구를 수행하고 보고하는 과학자의 책
임은 무엇입니까?' '정확하고 편견 없는 정보를 제공하는 데 있어
언론의 책임은 무엇입니까?' 등의 질문을 통해 과학 연구의 윤리
적 의미 또는 여론 형성에 대한 미디어의 역할에 대해 논의할 수
있다.

IB의 역사 영역에서 학습자는 개인 또는 공동체의 책임이나 책
임의 부족함을 보여 준 과거 사건을 조사하여 다음과 같은 질문을
탐구할 수 있다. '누가 주요 역사적 사건이나 결정을 책임졌습니
까?' '다른 정치 체제에서 책임감 있는 시민이 된다는 것은 무엇을
의미합니까?' 마찬가지로 IB의 환경 시스템 및 사회 영역에서 학
습자는 기후 변화와 생물의 다양성, 자원 관리와 같은 주제를 논
의하고 '환경에 대한 우리의 책임은 무엇입니까?' '지속가능성을

촉진하기 위해 어떻게 책임감 있게 행동할 수 있습니까?'라는 질문으로 지구와 생태계의 장기적인 안녕을 보장하는 데 있어서 개인, 공동체, 사회로서 우리의 역할을 고려하게 한다.

개념은 학습자가 개념의 본질적 원리와 관계를 파악하여 포괄적인 이해로 이어질 수 있도록 해 준다(Hiebert & Lefevre, 1987). 명시된 수준의 사실을 넘어 학습자는 개념의 의미와 의미를 형성하는 미묘한 차이, 연결에 관해 비판적으로 생각한다. 학습자는 학습 과정에 능동적으로 참여하여 질문에 답하기 위해 탐구한다. 이 과정에서 학습자는 정보를 분석하고 평가 및 종합하는 과정을 체화하며 주도적으로 관점을 형성해 간다. 이러한 개념 이해의 과정은 의미 있는 학습으로 촉진된다. 학습자가 자신의 경험과 통찰력을 통해 의미를 구성할 때, 개념에 대한 개인적인 경험과 관련지어 이해를 형성하게 되는데, 이러한 과정은 동기부여, 참여 및 탐구 활동의 지속을 가능하게 한다(Dewey, 1916).

다음에서는 IB의 개념 이해에 기반한 탐구 중심의 교육과정에서 학습자가 어떠한 방법으로 개념을 이해하고 있는지, 이러한 과정을 경험한다는 것이 학습자와 교사에게 어떤 의미인지에 대해 TOK의 사례와 함께 구체적으로 살펴보고자 한다.

2. 탐구 경험으로서의 개념 이해: 과정에서 체화 되는 사고의 방법(프레임워크)

개념 이해를 탐구 경험으로 이해하는 것은 지식 중심 교육에서 실천 중심 교육으로 교육과정의 패러다임 변화가 전면에 드러나는 부분이다(Jurow, 2004). 전통적인 방식의 지식 중심 교육에서는 사실과 정보의 축적에 중점을 두고 학생들이 아는 것에 초점을 맞춘 교육이 이루어졌다(Murphy, 2002). 이 패러다임에서 학습자는 지식을 본질상 수정의 여지가 없는 완전한 대상으로 인식하여 실제 맥락에서 분리된 상태로 학습하게 되며 학습 과정에 적극적으로 참여하기보다는 수동적으로 지식의 내용을 전달받아 있는 그 대로 기억하여 재현하는 능력을 평가받아 왔다(Jensen & Nickelsen, 2008). 강의식 교수법, 암기식 이해 및 표준화된 테스트로 이루어지는 학습 과정은 많은 양의 정보를 효과적으로 전달할 수 있지만, 심층학습, 비판적 사고, 문제 해결, 창의성 그리고 실제 상황에서 지식을 어떻게 활용해야 하는가에 관한 학습이 부족하다는 비판을 받는다. 여기에서 주목해야 할 점은 학습자의 행위 자체가 경험으로서 의미화될 수 없다는 것이다. 학습자가 경험함으로써 배울 수 있도록 교육과정을 설계하기 위해서는 학습자가 주도적으로 배움을 실천할 기회가 충분히 주어졌는지, 학습자가 배운 것을 자기 삶의 실제 맥락과 연관 지을 수 있는지(Prawat, 1989), 학습자가 경험한 하나의 경험, 경험들이 계속해서 서로 관계를 맺게 할 수 있는지를 살피는 것이 중요하다(Connell & Lynott, 2014).

IB에서 지향하는 탐구학습은 학습자가 '어떻게' 배우는지에 초점을 맞춘 교육과정이다. 여기서 탐구는 능동적이고 참여적인 과정으로 간주된다. 학습자는 개념의 의미를 이해하고자 혹은 지식 질문에 대해 해결해 나가고자 문제 해결을 위해 사태를 파악하고 탐구를 시작하는 것이다. 탐구의 초점을 맞춰 가며 학습자는 관련된 자료를 찾고 수집한 자료를 식별하여 논의하고 다른 여러 관점을 분석하면서 자신만의 이해를 구성하게 된다. 탐구 경험은 학습자에게 필요한 문제 인식, 정보 수집, 분석 및 평가의 방법을 익히고 개념에 대한 더 깊은 이해를 발전시키는 데 도움이 된다.

IB의 TOK를 통해 개념이 어떻게 과정을 경험하면서 이해될 수 있는지, 또한 이러한 경험이 학습자와 교사에게 어떤 의미인지 알아보고자 한다. TOK는 '우리가 어떻게 아는가?'와 관련한 지식 질문을 통해 지식의 본질, 범위 및 한계와 지식 학습의 과정을 성찰하여 탐구하는 교육과정이다. TOK의 초점은 학습자가 이미 알고 있는 지식을 성찰하여 이를 균형적인 관점으로 바라볼 수 있게 하는 데 있다. 이를 통해 학습자가 배우게 되는 것은 다양한 학문과 지식 영역에서의 지식 자체가 아니라, 지식을 사고하는 방법, 다양한 맥락에서 지식을 적용하는 방법이다.

이 과정에서 학습자는 다양한 분야의 지식 탐구를 수행하기 위해 제시된 지식 질문 혹은 지식 질문이 가정하고 있는 바에 의문을 제기하며 지식이 어떻게 구성되고 평가되는지를 조사하게 된다. 학습자는 지속적인 탐구 과정을 수행하며 끊임없이 질문하고 탐구하여 자신과 자신을 둘러싼 세계에 관해 깊이 이해하고 성찰하게 된다. 이러한 탐구 경험은 학습자의 비판적 사고와 탐구 능력을 향상하게 하고, 학습자로 하여금 지식과 학습에 대한 더 깊고 미묘한 차이를 발견하게 함으로써 기존에 이해한 바로서의 개념에 대한 이해가 수정될 기회를 마련하게 한다(Tofade, Elsner, & Haines, 2013).

TOK는 학습자가 어떻게 과정 안에서 탐구를 경험하며 개념을 이해하도록 하는 것일까? TOK에서 학습자의 탐구 활동은 탐구 도구인 지식 프레임워크를 중심으로 진행된다. 지식 프레임워크는 범위, 관점, 방법 및 도구, 윤리의 구조로 구성되며 이러한 요소는 학생들이 다양한 주제와 지식 영역에 걸쳐 지식을 분석하고 평가하여 이해할 수 있는 구조를 제시한다. 또한 다른 DP 과목과 지식이론을 비교하고 연결할 수 있도록 돕는 공통 어휘를 제공할 뿐만 아니라 학습의 시작점을 제공한다. 교사들은 다양한 예시와 지식 질문을 사용하여 주제와 지식 영역을 자유롭게 탐구할 수 있지만 각 주제와 지식 영역의 토론에 지식 프레임워크의 네 가지 요소와 관련된 예시, 그리고 지식 질문에 대한 토론이 포함되도록 구성해야 한다(IBO, 2020, p. 12). 〈표 6-1〉은 지식 프레임워크를 구성하는 네 가지 요소의 성격을 보여 준다.

〈표 6-1〉 지식 프레임워크의 구성 요소 및 성격

구성 요소	성격
범위	이 요소는 다양한 주제와 지식 영역의 본질과 범위를 탐구하는 것에 초점을 맞추고 있다. 또한 각 주제 및 지식 영역이

	인류의 전반적인 지식에 어떻게 기여하는지 탐구하고 각 주제 및 지식 영역이 다루고 해결하고자 하는 문제의 본질을 숙고한다.
관점	이 요소는 관점과 맥락의 중요성과 영향에 초점을 맞춘다. 무엇이 학습자 자신의 관점과 그들의 관점을 형성하게 하는지에 대한 성찰뿐만 아니라 다른 개인 또는 집단이 다양한 주제 및 지식 영역에서 어떻게 지식을 바라보고 접근하는지에 관한 성찰도 포함된다. 또한 역사적 관점과 시간 경과에 따라 지식이 어떻게 변화하는지에 대한 성찰도 포함된다.
방법과 도구	이 요소는 학습자가 지식을 생성하기 위해 사용하는 방법, 도구, 관행들에 대한 탐구에 초점을 맞춘다. 이 요소에는 개념적 프레임워크의 구축, 전통과 관행의 수립뿐 아니라 공식 학문 분야에서 사용되는 방법론이 포함된다. 또한 지식 추구에 사용할 수 있는 인지적·물질적 도구와 이런 도구가 기술 발전의 결과로 어떻게 변화해 갔는가에 대한 고려를 포함한다.
윤리	이 요소는 다양한 주제 및 지식 영역에 대한 탐구에 영향을 주는 윤리와 윤리적 고려사항의 탐구에 초점을 맞춘다. 여기에는 사실과 가치의 관계에 대한 측면을 비롯해 어떻게 윤리적·인식론적인 가치가 지식 추구의 기초가 되는지를 포함한다. 또한 지식, 불평등, 불공정성과 관련된 질문을 다루는 것도 포함한다. 중요한 점은 윤리에 관한 지식론 내의 논쟁이 지식 관련 질문에 초점을 맞춰야 한다는 것이다. 이러한 질문은 윤리적 문제 자체에만 초점을 맞춘 논쟁이 아니라 논의되고 있는 윤리적 문제와 함께 제기되어야 한다.

출처: IBO (2020), pp. 12-13에서 재구성.

학습자가 프레임워크의 과정을 경험한다는 것은 지식 자체를 배우는 것과는 다르게 지식에 대해 생각하는 방법을 배우는 것이라고 할 수 있다. 〈표 6-2〉는 이러한 지식 프레임워크와 지식 질문과의 관계를 보여 준다.

예를 들어, 선택 주제 영역 중 '지식과 기술'은 기술 발전이 지식과 앎에 대한 우리의 사고방식을 어떻게 형성하고 혹은 제한하는지에 초점을 맞춘다. 〈표 6-2〉에서와 같이 지식과 기술에 관한 프레임워크는 '지식과 기술'에 관련된 다양한 범위를 탐색하는 것으로 시작하여 기술을 바라보는 다양한 관점이 역사적·문화적으로 어떻게 형성되었으며 어떤 점이 다른지, 다양한 기술이 실제 어떻게 활용되고 있는지, 이러한 기술이 우리에게 어떠한 영향들을 주고 있는지와 같이 다양한 측면에 대해 학습자가 깊이 있게 탐구할 수 있도록 한다.

〈표 6-2〉 생각하는 방법의 학습적 도구로서의 지식 프레임워크

	선택 주제 영역 중 '지식과 기술'에 관련된 지식 질문
범위	• 기술이 여러분이 알 수 있는 것을 제한하거나 형성한다고 생각하나요? • 여러분은 정보와 데이터, 지식의 차이가 무엇이라고 생각하나요? • 기술은 증거에 기반한 믿음을 추구하는 데 어느 정도로 도움이 되거나 방해가 될까요? • 잘못된 정보가 모르는 것보다 더 위험할까요?

관점	• '인터넷 시대에 우리가 기억해야 할 핵심은 정보가 아니라 어디에서 정보를 찾는가이다.' 이 주장에 동의하나요? • 여러분은 오늘날의 학생들이 이전 세대의 학생들보다 더 적게 기억한다고 생각하나요? 아니면 그들이 단순히 다른 것들을 기억한다고 생각하나요? • '디지털 세계에서는 디지털 기량이 필요하다.' 이 말에 어느 정도나 동의하나요? • 여러분은 암호 화폐가 가치를 보장한다는 데 동의하나요? 그 이유는 무엇인가요? 아니라면 그 이유는요?
방법과 도구	• 빅 데이터가 실제로 진실을 더 잘 알 수 있게 해 줄까요? • 기계가 생각할 수 있을까요? • 미래의 기계들이 인간의 의식을 능가하는 수준의 의식을 가질 수 있다는 가능성을 어느 정도나 믿나요? 이것이 가능하다고 또는 불가능하다고 믿게 만드는 것은 무엇인가요? • 컴퓨터가 지식의 가치나 의미를 알 수 있을까요? 컴퓨터가 이해하고 해석할 수 있을까요?
윤리	• 기술의 생산과 사용에서 어떤 윤리적 문제가 발생할까요? • 여러분이 선택한 기술의 잠재적인 이점과 단점을 목록으로 만드세요. 모든 것을 감안할 때, 여러분은 이점이 단점보다 크다고 생각하나요? 아니면 그 반대라고 생각하나요? • 인터넷 시대에 사람들에게 '잊힐 권리', 즉 자신의 개인 정보를 웹 사이트와 데이터베이스에서 삭제하도록 요구할 권리가 있다고 생각하나요? • 인터넷을 통해 '사이드워크 토론토' 프로젝트에 대해 자세히 알아보세요. 2개의 목록을 만들어, 이것의 편익과 위험을 개략적으로 설명해 보세요. 공공의 이익은 무엇이며, 기술 사용을 규제하는 사람은 누구인가요? 우리는 어떻게 알 수 있을까요?

출처: Heydorn, Jesudason, & van de Lagemaat (2023), pp. 185-228.

지식 질문은 학생들이 지식 자체를 비판적으로 사고하여 초점
화하도록 돕는 역할을 한다. 지식 질문은 다양한 지식 영역에서
구성된 지식이 검토되고 적용되는 방법을 탐구하도록 하는 열린
질문이다. 또한 지식 질문은 학습자가 서로 다른 지식 영역이 어
떻게 상호 연결되어 있는지 지식 자체의 본질을 비판적으로 검토
하고 여러 측면에서 정보를 고려하여 더 깊이 이해할 수 있도록
도와준다. 다양한 주제 영역에서 공통 주제와 사고적 패턴이 존
재함을 탐색하게 함으로써 학습자는 자신의 지식이 어떻게 구성
되고, 상황에 따라 어떻게 변화될 수 있는지 경험을 통해 이해할
수 있다(Hauk & Tschentscher, 2013).

전반적으로 지식 질문과 지식 프레임워크는 IB의 TOK에서 모
두 중요한 역할을 하지만 활용되는 목적은 다르다. 지식 질문은
지식 자체의 본질을 탐구하는 데 초점을 맞추는 반면, 지식 프레
임워크는 특정 주제나 개념과 관련된 복잡한 정보를 다면적으로
분석하고 평가하기 위한 구조화된 접근 방식을 제공하는 데 초점
을 맞춤으로써 학습자의 비판적 사고를 돕는다.

3. 다양한 맥락적 경험으로서의 개념 이해: 개념적 렌즈를 통한 학제 간 연결

IB 교육과정은 개념을 맥락과 상관없이 학습자에게 학습하게
하여 앎의 상태에 이르게 하는 것이 아니라 학습자가 개념을 특정

사실이나 상황에서부터 이해하고 추론해야 함을 알고, 실제 상황과 관련하여 개념이 어떻게 이해되어야 하는지에 관해 학습하게 한다. 이는 경험으로 이해하는 개념의 의미가 본질적으로 특정한 맥락에 내재되어 있으며 다양한 상황적 요인에 의해 영향을 받는다는 것을 의미한다.

전통적인 교육 방법에서는 개념을 특정 주제 또는 주제에 구속된 것으로서의 분리된 개별적 실체로 취급하는 경우가 많았다. 학습자는 자신에게 주어진 직접적인 예에 관해서만 이해하고 특정 사례 이외에는 적용할 수 없었기 때문에 개념에 대한 피상적인 이해로 이어지게 된다. 이때의 개념은 좁고 구체적인 특정 상황에 적용되어 이해되었으므로 학습자는 다른 맥락에서 같은 개념을 마주했을 때 본질적인 개념의 의미를 인식하지 못할 수도 있다.

개념의 더 깊고 강력한 이해는 해당 개념을 다양한 맥락에 적용하고 다른 개념과 어떻게 상호작용하는지를 경험하는 것에서부터 비롯된다고 할 수 있다. 학습자는 단지 고립된 지식 내용으로서의 개념을 암기하는 것이 아니라 다양한 상황에서 개념을 끌어내고 적용할 수 있도록 상호 연결함으로써 통합적인 이해를 할 수 있게 된다. 이러한 개념에 대한 이해의 체화는 학습자의 깊은 학습을 가능하게 한다.

IB의 TOK에서 12개 핵심 개념은 학습자가 다양한 지식 영역에서 지식이 구성되고 평가되어 적용되는 방법에 대한 깊은 이해를 개발하는 데 중요한 역할을 한다. 이러한 개념은 [그림 6-1]과 같이 증거, 확실성, 진실, 해석, 권력, 정당화, 설명, 객관성, 관점, 문

화, 가치, 책임으로 구성되어 있으며, 이 개념들은 지식 영역들과
지식을 아는 방법 사이를 잇는 '다리' 역할로서 연관성을 강조한
다(Henly & Sprague, 2020). 개념은 서로 다른 지식 영역과 교과 영
역이 분리되거나 단절된 것이 아니라 상호 연결될 수 있도록 한
다. 이때 핵심 개념은 개념적 렌즈로 작용하여 학습자가 개념을
통해 세계를 이해하고 해석하는 데 도움이 되는 특정한 측면에 초
점을 맞춘다. 개념적 렌즈는 무엇을 드러내고자 하는지 뿐만 아
니라 개념이 어떻게 우리의 관점과 이해를 형성하는지 보여 준다.

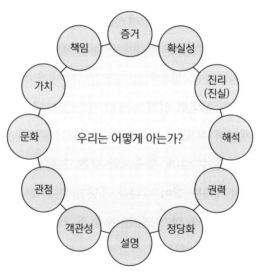

[그림 6-1] 지식론의 12개 핵심 개념

출처: Heydorn, Jesudason, & van de Lagemaat (2023), p. xv.

예를 들어, 〈표 6-3〉에 제시한 예시를 통해 TOK에서 '증거'를
개념적 렌즈로 다른 지식 영역이나 선택 주제 영역이 어떻게 연결

될 수 있는지 확인해 보고자 한다. 구조화된 프레임워크의 지식 질문에 기반하여 학습자는 '증거'에 대해 어떻게 알고 있는지를 탐구한다.

　자연과학 영역에서의 '증거'는 실험 결과나 정량화 가능한 데이터의 형태로 나타난다. 과학자들은 가설을 지지하거나 반박하는 증거를 수집하기 위해 가설을 설정하고 실험을 수행한다. 이때 '증거'를 이해하기 위해서는 실험을 설계하고 데이터를 수집 및 분석하여 결론을 도출할 수 있는 능력이 필요하다. '이론을 사실로 확립하기 위해 자연과학에서 충분한 증거를 구성하는 것은 무엇입니까?' '문화적 또는 학문적 관점이 자연과학의 증거 해석에 어떤 방식으로 영향을 미칠 수 있습니까?' '과학적 도구와 기술의 발전이 자연과학에서 수집된 증거의 특성에 어떤 영향을 미칩니까?' '증거를 제시할 때 과학자에게는 어떤 윤리적 책임이 있습니까?'의 지식 질문은 학습자가 내용을 배우는 것 이상으로 과학적 노력과 관련된 복잡한 과정을 더 깊이 이해하게 한다.

　인문과학 영역에서의 '증거'는 통계 데이터, 사례 연구 또는 질적 관찰 등 더 다양한 형태로 나타난다. 연구자들은 인간의 행동, 사회 구조 또는 경제 동향에 대한 이론 및 방법론을 뒷받침할 증거를 수집한다. 이러한 맥락에서 '증거'를 이해하려면 다양한 유형의 증거와 증거의 한도와 한계를 인식하고 관련성과 타당성을 비판적으로 분석할 수 있어야 한다. '인문과학에서 증거를 어떻게 정의합니까?' '문화적·사회적 또는 개인적 편견이 인문과학의 증거 해석에 어떤 영향을 미칩니까?' '인문과학에서 증거를 수집하고 분석하는 데 사용되는 방법 및 도구는 무엇입니까? 이러한 방법은 증거의 신뢰성과 유효성에 어떤 영향을 줍니까?' '인문과학에서 증거를 수집하고 해석할 때 윤리적으로 고려해야 할 사항은 무엇입니까?'의 지식 질문은 이론의 사회적 기반, 이해에 대한 문화적 영향, 인간 주체와 관련된 연구의 객관성 추구, 인간 연구의 윤리적 측면을 탐구하게 한다.

수학 영역에서의 '증거'는 자연과학, 인문과학에서의 증거와 근본적으로 다르다. 수학에서의 증거는 수학적 증명의 형태로 드러난다. 수학적 증명은 공리, 정의 및 이전에 확립된 진술을 사용하여 의심할 여지없이 수학적 진술에서의 진실을 증명하는 논리적 주장이다. 이러한 맥락에서 '증거'를 이해하는 것은 논리와 연역적 추론의 원리를 이해하고 수학적 주장에 따라 구성할 수 있어야 한다. 다른 영역과 다르게 수학적 증거는 이론이나 주장에 대한 양적 조사를 지원하기 위해 다른 영역에 적용될 수 있다. '증명의 개념은 기하학, 대수학 또는 미적분학과 같은 다양한 수학 분야에서 어떻게 다릅니까?' '수학적 개념에 대한 이해가 증명에 대한 접근 방식에 어떤 영향을 줍니까?' '기술의 사용이 수학적 증명의 과정과 구조에 어떤 영향을 미쳤습니까?' '수학적 증명의 맥락에서 표절이나 위조는 어떻게 나타나고 그 의미는 무엇입니까?'의 지식 질문은 증명의 의미와 역할, 기술의 영향, 증명 검증의 과정 그리고 수학적 증명의 윤리적 의미를 탐구하게 한다.

이때 학습자의 탐구 과정을 돕는 구조화된 프레임워크의 지식 질문은 학습자가 개념 자체에 주목하여 학습하게 하는 것이 아닌 개념이 특정 영역 내에서 어떻게 활용되고 있는지에 대한 이해를 통해 개념의 본질에 집중하여 탐구를 지속할 수 있게 한다. 각 영역에서 '증거'의 개념은 정보를 수집하고 분석하여 해석하고 적용하는 방법을 이해하게 한다. 이는 학습자가 추상적인 이론을 구체적인 관찰이나 경험과 연결하여 당면한 주제에 대한 이해를 심화시키는 데 도움을 준다. 더 나아가 학생들은 개념이 다른 지식 영역에서 어떻게 유사하게 기능하는지를 보기 시작할 수 있다. 또한 '증거'라는 개념적 렌즈는 각 영역에서 다르게 이해되고 사용되지만, 여러 영역에 걸쳐 학제 간 융합점을 제공하여 '증거'에 대한 통찰을 보여 줌으로써 학습자에게 동전의 양면과도 같은 개념의 다면적 개별성과 공유된 이해로서의 일반성을 이해할 수 있게 한다(Hogg & Reid, 2006). 이러한 개념적 렌즈의 특성은 개념에 관한 추가적인 탐구의 길을 제시해 준다. 학습자는 개념에 대한 본질적인 이해를 통해 개념이 다른 맥락에서 어떻게 적용되는지, 다른 개념과 어떻게 상호작용하는지, 그리고 시간이 지남에 따라 어떻게 변화하는지 조사할 수 있다. 이러한 심층적인 탐구는 개념에 대한 섬세하고 정교한 이해를 가능하게 한다(Ritchie et al., 2013).

〈표 6-3〉 '증거'를 개념적 렌즈로 학제 간 연결

	자연과학	인문과학	수학
'증거'의 개념적 의미	• 실험 결과나 정량화 가능한 데이터의 형태	• 실험 결과나 정량화 가능한 데이터의 형태 • 통계 데이터, 사례 연구 또는 질적 관찰 등 더 다양한 형태	• 수학적 증명
학습자의 개념 이해	• 실험을 설계하고 데이터를 수집 및 분석하여, 결론을 도출할 수 있는 능력	• 다양한 유형의 증거와 증거의 한도와 한계를 인식하고 관련성과 타당성을 비판적으로 분석하여 해석할 수 있는 능력	• 논리와 연역적 추론의 원리를 이해하고 수학적 주장에 따라 구성할 수 있는 능력
TOK 범위	• 이론을 사실로 확립하기 위해 자연과학에서 증거를 구성하는 것은 무엇입니까? • 자연과학 지식의 범위는 경험적 증거에 어느 정도 의존합니까?	• 인문과학에서 '증거'를 어떻게 정의합니까? • 서로 다른 인문과학 분야는 서로 다른 유형의 증거를 어떻게 정의하고 우선순위를 지정합니까?	• 수학에서 유효한 증명을 구성하는 것은 무엇입니까? • 증명의 개념은 기하학, 대수학 또는 미적분학과 같은 다양한 수학 분야에서 어떻게 다릅니까?
TOK 관점	• 자연과학의 증거 해석은 과학자마다 어떻게 다릅니까? • 문화적 또는 학문적 관점이 자연과학의 증거 해석에 어떤 방식으로 영향을 미칠 수 있습니까?	• 문화적·사회적 또는 개인적 편견이 인문과학의 증거 해석에 어떤 영향을 미칩니까? • 인문과학 내의 다양한 학문 분야는 동일한 증거를 어떻게 보고 해석합니까?	• 수학적 개념에 대한 이해가 증명에 대한 접근 방식에 어떤 영향을 줍니까? • 수학적 원리에 대한 이해가 수학적 증명의 해석에 어떤 영향을 줍니까?

방법과 도구	• 과학적 도구와 기술의 발전이 자연과학에서 수집된 증거의 특성에 어떤 영향을 미칩니까? • 실험에 사용된 방법론이 생성된 증거의 유효성에 어떤 영향을 미칩니까?	• 인문과학에서 증거를 수집하고 분석하는 데 사용되는 방법 및 도구는 무엇입니까? 이러한 방법은 증거의 신뢰성과 유효성에 어떤 영향을 줍니까? • 정량적 데이터와 정성적 데이터의 사용이 인간 행동과 사회에 대한 이해에 어떤 영향을 미칩니까?	• 수학적 증명을 구성하는 데 사용되는 주요 방법론 또는 도구는 무엇이며 이것이 수학적 진리를 이해하는 데 어떤 영향을 줍니까? • 기술의 사용이 수학적 증명의 과정과 구조에 어떤 영향을 미쳤습니까?
윤리	• 증거를 제시할 때 과학자에게는 어떤 윤리적 책임이 있습니까? • 윤리적 고려사항은 자연과학에서 증거 수집 및 사용에 어떤 영향을 줍니까?	• 인문과학에서 증거를 수집하고 해석할 때 어떤 윤리적 고려사항이 발생합니까? 과학자는 윤리적 무결성을 유지하기 위해 개인적 또는 그룹에 관한 데이터를 어떻게 처리해야 합니까? • 인문과학에서 증거를 수집하고 해석할 때 윤리적으로 고려해야 할 사항은 무엇입니까?	• 부정확하거나 불완전한 증거를 제시하면 어떤 결과가 발생합니까? • 수학적 증명의 맥락에서 표절이나 위조는 어떻게 나타나고 그 의미는 무엇입니까?

4. 사회적 참여 경험으로서의 개념 이해: 공유된 이해에 기반한 상호작용

　　TOK에서 참여 경험으로 이해해 가는 개념은 사회적 상호작용과 참여를 통해 능동적으로 구성해 간다는 점을 전제하고 있다. 개념은 사회적 맥락 내에서 이러한 개념에 관한 집단적인 탐구, 분석 및 해석과 같은 공유된 이해를 통해 의미화된다. 공유된 이해는 의미 있는 상호작용의 기초를 형성하여 풍부한 학습 환경을 마련한다. 이러한 맥락에서 개념 이해는 고립된 인지 과정이 아니라 공유된 질문, 협업 및 대화를 통해 펼쳐지는 공동의 탐색 과정이다. 학습자는 적극적으로 참여하고, 의미를 조율하여 복잡한 개념에 대한 공유된 이해를 구축해 간다(Clark, 1996).

　　그렇다면 어떻게 학습자들이 역동적으로 개념을 사회적 참여의 양상으로 경험하게 되는 것일까? TOK가 학습자의 개념에 대한 깊은 이해를 위해 탐구를 어떻게 지속해서 촉진하는지 알아보고자 한다.

　　TOK에서 개념의 이해는 참여자의 적극적인 참여와 상호작용을 통해 구축된다. 학습자는 개념을 탐구해 가면서 다양한 관점과 해석을 접하게 된다. 이 과정에서 학습자는 생각과 관점의 차이를 존중하고 중요시하는 것을 과정에서 배우게 된다. 이를 통해 자신들의 관점만이 유일하며 유효한 것이 아니라는 것을 이해하게 되며 개념을 이해할 수 있는 다양한 방법이 있음을 알고 학습하게 된다(Hattie & Donoghue, 2016). 이는 학습자의 사회적 참여 경험을 통한 지식의 이해와 생성의 과정이며, 공감과 열린 마음의 중요성을 인식하고 체화하는 과정이기도 하다.

협력적 탐구에서 서로가 서로에게서 배우는 공유된 지식은 의사소통 과정에서 생성되고 공유된다(Wenger, 1998). 이때의 탐구 활동은 학습에 참여한 학습자들이 공유된 객관적 사실을 도구로 삼아 구성원 간 개념에 대한 정보, 기술, 경험 등을 교환하는 방식으로 이루어진다. 참여자들에게 객관적 사실로서 동일한 개념이 공유되었다고 하더라도 학습자는 다양한 자신의 경험에 기반하여 개념을 이해했기 때문에 개념에 부여된 의미는 같지 않다 (Bushe & Gibbs, 1990). 이해의 과정은 서로 다른 삶의 맥락을 경험한 개인이 논의된 문제에 대해 합의에 도달해 가는 과정을 의미한다. 사람들은 서로 다른 의견을 조정하는 동시에 사회적 요구 사항으로서 개념에 대한 표준화된 의미를 유지하며 효과적으로 의사소통을 해 나간다.

또한 학습자의 참여를 통한 이해의 구성 과정은 협력적이면서도 반복적이다(Zhang et al., 2021). 학습자는 상호작용 과정에서 논의 주제 혹은 지식 질문에 대해 비판적으로 사고해 보고 자신의 생각과 주장을 명확하게 표현함으로써 복잡한 생각을 명확하고 설득력 있게 표현할 수 있다. 반대로, 다른 사람의 의견을 들음으로써, 학습자는 비판적으로 사고하고 판단할 수 있으며 논쟁의 관점을 파악하고, 서로 다른 관점에서 타당한 점을 발견하기도 한다. 학습자는 자신의 관점을 공유하고 서로 다른 관점에 대해 논의하면서 개념의 의미에 대한 미묘한 차이를 알게 되기도 한다

(Dewey, 1916).

〈표 6-4〉는 개념과 관련된 다양한 탐구 맥락이 지식 프레임워크에 따라 촘촘하게 설계된 지식 질문의 예이다. '자유'의 개념을 주제로 논의를 진행한다고 할 때 학습자는 저마다 다른 문화적 배경, 정치적 관점, 개인적 경험 등에 영향을 받아 생성된 '자유'의 개념에 대한 그들의 독특한 관점으로 질문에 대한 자신의 의견을 이야기하게 된다. 학습자들은 대화에 참여하면서 다른 사람들의 관점에 귀를 기울이고 스스로 성찰하며 서로 다른 의견을 지지하거나 반론해 가며 개념의 의미를 논의해 간다. 이 과정을 반복하면서 학습자는 공통점과 차이점을 식별하고, 패턴과 불일치를 구분하고, 여러 관점을 통합하여 공유된 이해를 구축해 갈 수 있다. 공유된 다양한 관점은 공론화되었을 때 풍부한 논의의 토대가 되어 학습자들이 논의하는 '자유'의 개념을 보다 통합적이면서도 미묘한 차이를 이해할 수 있는 방식으로 탐구할 수 있게 한다.

프레임워크에 기반하여 지식 질문은 다음과 같이 구성할 수 있다. 우리가 '다른 맥락에서 자유에 대해 말할 때(예: 정치적 자유, 개인적 자유, 경제적 자유 등) 무엇을 의미합니까?' '자유에 대한 해석은 문화나 사회에 따라 어떻게 다를 수 있습니까?' '자유를 측정하거나 평가하기 위해 어떤 방법을 사용합니까?' '이 방법들은 얼마나 신뢰할 수 있습니까?' '우리가 자유를 보호하거나 증진하기 위해 노력할 때 어떤 사항을 윤리적으로 고려해야 합니까?' '자유가 다른 윤리적 원칙과 충돌할 수 있습니까?' 이러한 지식 질문은 학습자가 '자유'의 개념을 여러모로 면밀하게 검토하고 이해를 심화하여 논의에 참여하도록 유도한다.

프레임워크의 맥락에서 각 질문에는 고유한 역할과 특성이 있다. '다른 맥락에서의 자유 의미'에 대한 질문은 학습자에게 자유에 대한 다양한 맥락에서의 여러 가지 해석을 탐구하게 함으로써 개념의 가변성과 적응성에 대해 검토하게 한다. '문화, 사회 영향에 따른 자유에 대한 해석'에 관한 물음은 독재정권이 있는 사회에서의 자유는 인권이나 정치적 자유 추구와 관련될 수 있음을 심층적으로 학습하게 하여 사회 및 정치 구조가 자유에 대한 개인의 인식을 어떻게 형성하게 하는지 경험하게 할 수 있다. '자유의 측정 및 평가 방법'에 대한 질문은 추상적 개념을 정량화하고 평가하는 방법에 대한 탐구를 유도하며 측정의 의미, 정량화의 한계, 측정하는 방식이 미치는 영향 등에 대해 다면적으로 검토하게 한다. 마지막으로 '자유와 윤리적 책임'에 관한 질문은 학습자에게 개인적인 자유 추구와 윤리적 경계에 대한 고려를 검토하게 한다. 예를 들어, 예방접종과 관련하여 개인의 자유와 공중 보건 사이의 잠재적 충돌을 고려해 볼 수 있다.

학습자는 논의 중에 자신의 관점뿐만 아니라 다른 사람들의 의견을 경청하며 성찰하고 질문하게 되는 과정을 반복하며 논의를 지속해 간다. 이 과정을 통해 학습자에게 '자유'에 대한 이해가 구축된다. 이것이 바로 TOK가 과정에서 사회적 참여 경험으로서 학습을 촉진하는 방법이다.

〈표 6-4〉 개념 이해의 심화를 촉진하는 미세한 차이의 인식

	'자유'에 관련된 지식 질문 예시
범위	• 다른 맥락에서 자유에 대해 말할 때(예: 정치적 자유, 개인적 자유, 경제적 자유 등) 무엇을 의미합니까? • 다른 문화적 · 정치적 · 역사적 맥락에서 자유는 무엇을 의미합니까? • 자유에 대한 우리의 이해는 다양한 사회 발전(예: 기술, 시민권)에 따라 어느 정도 변화합니까? • 자유의 정의는 개인, 사회, 글로벌 관점에서 고려하느냐에 따라 어떻게 달라지나요?
관점	• 자유에 대한 해석은 문화나 사회에 따라 어떻게 다를 수 있습니까? • 자유에 대한 해석은 사회 내에서 연령대별로 어떻게 다릅니까? • 민주주의 사회에 사는 사람과 전제정치하에 사는 사람 사이에 자유에 대한 이해는 어떻게 다릅니까? • 자유에 대한 인식은 특권층과 달리 소외된 공동체와 어떤 점에서 다를 수 있습니까?
방법과 도구	• 자유를 측정하거나 평가하기 위해 어떤 방법을 사용합니까? 이 방법들은 얼마나 신뢰할 수 있습니까? • 자유를 연구하는 사회학자의 접근 방식은 철학자의 접근 방식과 어떻게 다를 수 있습니까? • 심리학자들은 자유가 인간의 웰빙에 미치는 영향을 조사하기 위해 어떤 유형의 증거나 도구를 사용할 수 있습니까? • 다른 학문 분야는 자유에 어떻게 접근하고 측정합니까?
윤리	• 우리가 자유를 보호하거나 증진하기 위해 노력할 때 어떤 사항을 윤리적으로 고려해야 합니까? • 자유가 다른 윤리적 원칙과 충돌할 수 있습니까? • 개인의 자유가 타인의 권리를 침해할 때 어떤 사항을 윤리적으로 고려해야 합니까? • 자유가 엄격하게 제한되는 사회에 개입할 윤리적 책임이 있습니까? • 언론의 자유가 갖는 윤리적 함의와 증오심 표현 또는 잘못된 정보로 인한 잠재적 피해 사이에서 어떻게 균형을 잡을 수 있습니까?

　학습자의 경험적 앎은 학습자가 직접 학습 환경과 맥락, 다른 학습자와 관계를 맺고 탐구하는 활동 중에 체득된다. 학습자의 추론에 의한 판단은 주어진 개념을 지금의 상황 혹은 자기 경험과 비교하거나 대조하여 견주어 봄으로써 불확실하고 불안정한 상황을 예측 가능한 상황으로 인식해 가는 과정이다. 이 과정에서 학습자의 일에 대한 능숙함, 상황에 관한 판단과 결정, 의견의 조율 등은 탐구 중에 지속해서 발생한다. 학습자의 탐구는 현재 마주한 문제의 해결이라는 종착점에 의미가 있는 것이 아니라 문제를 해결하는 과정에서 현재 파악한 상황과 잠재된 가능성을 잘 활용하면서 추론하고 검증해 가며 경험을 구체적이고 더 풍부하게 하는 것에 의미가 있다.

　TOK에서 학습자의 탐구는 개념을 어떻게 이해하는가에 대한 방법을 체화하는 과정과 다름없다.

5. 수행 중 성찰로서의 개념 이해

　TOK에서 성찰은 학습자가 자신의 사고 과정을 숙고하도록 하는 학습 방법이다. 학습 과정에 성찰을 통합함으로써, 학습자는 학습에 대해 깊이 생각하고 자신이 무엇을 어떻게 알고 모르는지를 확인하여 자기 경험으로부터 의미를 구축하게 한다. 성찰의 방법으로 학습자가 비판적으로 사고하고 판단할 수 있는 기회를 제공해 준다.

IBDP의 TOK는 다음과 같은 여러 가지 방법으로 성찰을 통합하여 구현한다. TOK가 학습자의 학습과 이해를 위한 중요한 도구로서 어떻게 성찰을 구현하는지 살펴보겠다.

TOK는 개념의 이해를 위해 지식의 본질, 한계 및 해석을 비판적으로 탐구하도록 한다. TOK가 촉진하는 성찰은 단순히 학습자에게 지식에 대한 내용을 회상하게 하는 것이 아니라 학습자가 자신의 신념, 사고의 과정, 지식의 이해 등이 어떻게 작용하는 것인지 깊이 파고들어 면밀하게 탐구하도록 하는 과정이다. 모든 개인은 지식을 해석하는 데 자신의 고유한 관점과 경험적 지식을 반영한다. 관점과 경험에는 그들이 살아온 문화적·사회적·개인적 경험에 의해 형성되는 고유한 관점이나 편견, 신념 등이 반영되어 있기 때문에 학습자가 지식을 해석하거나 이해하는 데에 영향을 미친다. 학습자가 스스로 어떻게 지식을 해석하여 이해하는지를 아는 것은 지식이 어떻게 형성되고 적용되는지에 대한 더 미세한 차이를 알게 하는 데 도움이 된다.

가령, 학습자가 유전자 변형과 관련한 과학적 발전의 윤리적 의미에 관해 탐구하는 경우, 학습자는 유전자 변형 분야에 내재한 복잡성의 이해와 자기 자신의 편견과 선입견, 윤리적 신념을 성찰하는 질문을 받게 된다. '유전적 개선과 부자연스러운 조작 사이의 경계는 무엇입니까?' '유전자 변형의 이점과 위험이 어떻게 균형을 맞추어야 합니까?' '유전자 변형의 결정과 관련한 다양한 이해관계자(과학자, 정부, 대중)는 어떤 역할을 해야 합니까?' '유전학에 대한 우리의 이해가 유전자 변형에 대한 우리의 견해에 어떤

영향을 미칩니까?' '유전자 치료나 유전자 변형 작물과 같은 유전
자 변형을 시행할 때 개인의 권리를 어느 정도까지 고려해야 합니
까?' 등의 지식 질문은 학습자에게 단지 '유전자 변형'에 대해 질
문하는 것이 아니라 유전자 변형을 어떻게 이해하는가를 묻는다.
바꿔 말하면, 학습자가 이 질문에 대해 답을 하기 위해 사고하는
과정은 유전자 변형을 어떠한 방법으로 사고하여 이해해야 하는
가를 터득해 가는 과정이다. 이 과정을 탐구라고 하는 이유는 학
습자가 단순히 정보를 수용하는 것이 아니라 이 질문을 생각해야
할 때 알아야 할 사실적 정보들을 조사하여 분석해 보고, 자기 경
험과 연관하여 다양한 관점을 비교해서 고민하는 과정으로, 학습
자가 능동적으로 상호작용하며 '유전자 변형'에 내재한 복잡성에
대한 미묘한 이해의 차이를 알아가게 하기 때문이다.

　TOK는 학습자가 탐구하는 지식의 이해를 위해 실제 상황을 조
사의 출발점으로 활용하여 탐구를 수행하도록 설계되어 있다. 전
통적인 교육 환경에서의 학습은 학습자에게 제시된 정보를 단순
히 흡수하는 수동적 활동으로 지식이 타인에 의해 이미 구조화되
어 해석된 상태로 강의나 교과서의 양상으로 제시되는 경우가 일
반적이다. 반면에 TOK는 학습자가 지식에 적극적으로 참여하여
배우는 내용과 실제 상황과의 관련을 찾아가도록 하는 학습 환경
을 마련한다. 예를 들어, 학습자는 유전자 변형 작물에 대한 최근
뉴스 기사를 조사하여 탐구해야 하는 '유전자 변형에 대한 학습자
의 개인적인 믿음이 이 기사에 대한 해석에 어떻게 영향을 미칩
니까?' '다른 믿음을 가진 사람이 그것을 어떻게 다르게 해석할 수

있습니까?'의 지식 질문을 받을 수도 있다.

TOK는 학습자가 이 주제를 탐구하면서 단순히 유전자 변형 뒤에 숨겨진 과학을 이해하는 것 이상으로 유전자 변형 작물의 윤리적·사회적·환경적 영향에 대해 깊이 생각하도록 유도한다. 유전자 변형 작물에 대한 기사를 접한 학습자에게 제시된 정보를 그대로 받아들이도록 하는 것이 아닌 유전자 변형에 대한 개인적인 믿음이 기사 해석에 어떤 영향을 미치는지 비판적으로 사고하도록 요구한다. 예를 들어, 학습자가 유전자 변형에 근본적으로 반대한다면 시위대에 공감할 수 있으며, 유전자 변형이 잠재적으로 세계 기아를 해결할 수 있다고 믿는다면 다르게 느낄 수 있을 것이다.

지식 질문은 학습자가 다른 믿음을 가진 사람이 같은 기사를 어떻게 해석하게 될지 생각해 볼 수 있도록 유도한다. 예를 들어, 학습자는 자신과 다른 관점인 시위하는 농부의 관점을 탐구하고 나아가 유전자 변형 작물이 환경에 미치는 예상치 못한 영향, 즉 토착 야생종과의 경쟁에서 우위를 차지해 우리가 완전히 예측할 수 없는 방식으로 생태계의 균형에 영향을 미칠 수 있는 환경 영향을 조사하게 할 수 있다. 사회의 복잡한 문제에 대한 탐구와 이해 그리고 이러한 성찰을 통해 학습자는 자신의 신념, 편견, 세상을 보는 렌즈가 지식에 대한 이해와 해석을 어떻게 형성하는지 볼 수 있으며, 학습자 자신의 개인적인 신념이 주변 세계에 대한 이해와 해석을 어떻게 형성하는지에 대한 방법을 이해할 수 있다. 이 과정에서 학습자는 배운 지식의 실용적인 적용과 관련성을 더 잘 이해할 수 있게 된다(박영주, 박진희, 2023).

TOK는 학습자가 개인적인 지식(개인으로서 알고 있는 것)과 공유된 지식(사회 구성원의 일부로 알고 있는 것)을 성찰하게 한다. 개인적인 지식은 개인적인 경험과 이러한 경험에 대한 성찰로서의 배움, 개인의 고유한 지식으로 다른 사람이 알고 있는 것과 다를 수있는 지식이며, 공유된 지식은 집단이나 사회 구성되고 검증된 지식으로 사회에서 일반적으로 수용되고 이해되는 지식이다. 학습자는 TOK에서 두 가지 유형의 지식을 함께 탐색한다. 탐구 과정에서 학습자에게 개인적인 경험이 주제에 대한 이해를 어떻게 형성했는지 뿐만 아니라 사회적 신념이나 일반적으로 받아들이게되는 사실이 학습자의 개인적인 지식에 어떻게 영향을 미치는지도 성찰하게 한다. 이를 통해 학습자는 이 두 지식 간의 상호작용을 이해할 수 있게 된다.

예를 들어, 어떤 학습자가 George Orwell의 『1984』 소설을 개인적인 관심으로 읽었다고 가정해 보자. 학습자는 이 책을 자신의경험, 가치, 신념에 근거한 정부 감시의 도를 넘는 범위에 대한 무서운 경고라고 생각했을 수 있다. 소설에 대한 이러한 개인적인이해는 '개인적 지식'을 형성한다. TOK에서 학습자는 마르크스주의, 페미니즘, 포스트식민주의 등 문학에 대한 다양한 비평 이론과 해석에 대해 배운다. 이러한 해석은 전적으로 학습자의 개인적인 경험이나 신념에 근거한 것이 아니라 일부 더 넓은 학문적이고 지적인 담론, 문학계의 학문공동체에 의해 인식되고 활용되기때문에 '공유된 지식' 형성에 기여한다.

TOK에서의 성찰은 학습자 자신의 '개인적인 지식(소설에 대한 초기 해석)'을 '공유된 지식(수업에서 배운 비평 이론)'과 비교하고 통합하는 것이기도 하다. 학습자는 『1984』를 정부의 지나친 접근에 대한 경고로 처음 이해한 것이 권력과 계급 문제를 탐구하는 마르크스주의 비평의 측면과 같은 특정 이론과 어떻게 일치하는지 알 수 있다. 다른 한편으로 학습자의 초기 해석이 다른 비판 이론이 제공하는 다른 관점을 고려하지 않았다는 것을 깨닫게 할 수도 있다. 예를 들어, 페미니스트 비평은 소설에서 학습자가 간과했을 수 있는 여성의 표현과 역할을 탐구하게 할 수 있다. 이 과정을 통해 학습자는 개인적인 해석이 학문공동체에 의해 확립된 학문적 해석과 어떻게 일치하고, 혹은 다를 수 있는지 배우게 된다. 또한 개인의 경험과 신념이 어떻게 텍스트에 대한 이해를 형성하게 하는지, 각각 다른 관점을 제공하는 여러 해석이 공존하는 방법을 배우게 된다.

TOK 과정의 핵심은 지식 질문으로, 지식 자체에 대한 개방적이고 성찰적인 질문이다. 지식 질문은 TOK의 핵심 구성 요소로서 지식 자체의 본질에 대한 탐구와 깊은 성찰을 허용하는 개방형 질문이며, 세계에 대한 보다 심오하고 비판적인 이해를 추구하게 한다. 지식 질문은 지식에 관한 특정 내용이나 주제의 세부 사항에 관심이 있는 것이 아니라 다양한 영역에서 지식을 구성하고 학습하게 하는 방법에 관심이 있다. 가령 '기후 변화의 원인은 무엇입니까?'의 질문은 특정한 과학적 사실과 개념에 관해 묻지만, 지식 질문은 '기후 변화의 원인을 탐색할 때 신뢰할 수 있는 출처와 신뢰할 수 없는 출처를 어떻게 구별할 수 있습니까?'를 통해 학습자가 지식을 학습하고 확인하는 과정에 대해 주목하도록 질문한다. 왜냐하면 지식 질문의 목적은 학습자의 지식 습득이 아니라 학습자의 비판적 사고와 성찰하는 방법의 내재화이기 때문이다. TOK는 학습자들이 다양한 주제 영역에 걸쳐 지식의 토대를 검토하고 지식의 신뢰성에 의문을 제기하고 편견을 조사하고 한계를 알아가도록 한다.

TOK 평가는 TOK 에세이와 TOK 전시회로 구성된다. 전시회는 지식 질문과 주변 세계의 연결성을 탐구하며, 에세이는 지식 영역에 초점을 맞춘 지식 질문을 탐구한다. TOK의 에세이와 전시회에 대한 평가는 일반적으로 평가 기준을 분리하여 분석적으로 점수를 부여하고 합산하는 방식과 다르게 학습자의 이해와 성찰을 전반적으로 반영할 수 있도록 인상 평가(global impression marking)로 진행된다. 〈표 6-5〉에서 보이듯이 학습자가 TOK의 지식 질문을 해결하는 과정에서 상호 연결된 복잡함을 깊이 있게 분석하여 응집력 있고 통합된 학습자의 이해를 어떻게 효과적으로 드러내는가를 평가하고자 한다. 다섯 가지 성과 등급은 필요한 특징의 체크리스트가 아니며 학습자가 달성한 총체적인 수준을 가장 적절하게 표현하는 설명으로 제시된다(IBO, 2020).

〈표 6-5〉 인상 평가가 촉진하는 학습자의 총체적인 이해

	학습자가 에세이 주제 질문을 명확하고 일관성 있게 비판적으로 탐구하고 있습니까?					
	탁월(Excellent) 9~10	우수(Good) 7~8	만족(Satisfactory) 5~6	기본(Basic) 3~4	기초(Rudimentary) 1~2	무관 0
	• 에세이 주제 질문에 일관된 초점을 두고 지식 영역과 효과적으로 연결된다. • 주장은 명확하고 일관성이 있으며 구체적인 예시에 의해 효과적으로 뒷받침된다. • 주장의 의미가 고려되고 있다. • 서로 다른 관점에 대한 명확한 인식과 평가가 있다.	• 에세이가 주제 질문에 초점을 두고 지식 영역과 효과적으로 연결된다. • 주장은 명확하고 일관성이 있으며 예시를 통해 뒷받침된다. • 서로 다른 관점에 대한 인식과 평가가 있다.	• 에세이가 주제 질문에 초점을 두고 지식 영역에 대한 몇 가지의 연결로 연계된다. • 주장이 드러나며 예시를 통해 뒷받침된다. • 서로 다른 관점에 대한 인식이 있다.	• 에세이가 주제 질문에 연결되며 지식 영역에 대해 피상적이거나 제한적으로 연결된다. • 에세이가 대체로 설명적이다. • 제한된 주장이 제시되지만 명확하지 않으며 효과적인 예시로 뒷받침되지 않는다.	• 에세이가 주제 질문과 약하게 연결된다. • 지식 영역에 대한 연결이 있을 수 있지만 관련 사항은 모두 설명적이거나 뒷받침되지 않거나 설명적이기 나 뒷받침되지 않는 주장으로만 구성된다.	• 에세이가 다른 수준에서 설명하는 표준에 도달하지 못하거나 올바른 평가 시선을 위해 규정된 주제 질문 중 하나에 대한 응답이 아니다.
가능한 특성 표현						
	• 통찰력 있는 • 설득력 있는 • 뛰어난 • 명확한	• 적절한 • 관련성 있는 • 분석적인 • 정당된	• 수용하는 한 • 주류의 • 적절한 • 만족할 만한	• 부족한 • 기본적인 • 피상적인 • 제한적인	• 비효과적인 • 설명적인 • 일관되지 않는 • 모호한	

이러한 평가 방식은 학습자의 학습 과정 및 활동에 직접적으로 영향을 준다. TOK 평가 과제(에세이 및 전시회)는 지식 주장을 비판적으로 분석하고 일관된 주장을 구성하는 학습자의 역량을 평가하고자 하며 전반적인 인상 평가를 통해 심사관은 학습자가 지식에 대한 복잡한 문제에 대해 어떻게 성찰하는지를 확인하고자 한다. 학습자는 자신의 이해를 입증하기 위해 지식 질문과 실제 세계 사이의 연결을 탐구하여 해결하는 과정을 어떻게 보여 줄 것인지 중요하게 고려해야 한다. 가령, 에세이에서는 학습자가 지식 질문에 답변하는 주제문, 정합성 있게 연결된 일련의 아이디어, 다양한 관점, 구체적인 증거, 분석의 깊이 및 성찰의 수준 등의 표현을 통해 평가할 수 있다.

TOK는 학습자의 참여, 성찰, 개념의 의미 구성, 수정 및 변화, 학제 간 연결 및 실제 세계 적용 등의 방법으로 학습자에게 탐구의 과정을 내면화하게 한다. 사전에 설정된 목표에 기반한 학습 주제의 결정은 학생들에게 일방적인 사고를 요구하지만, 질문은 지적 성장과 배움에 대한 열정을 유발하게 할 수 있다(Erickson, 2008; 강효선, 2020). 학습자는 이 과정에서 지속적으로 질문하고, 다시 생각하면서 비판적 사고, 정보의 식별, 효과적인 의사소통 등의 역량을 함양하는 동시에 끊임없이 진화하고 변화할 수 있는 지식의 본질에 대해 깨닫는다. 이것이 학습자의 지식에 대한 의미를 경험의 과정에서 재구성하고 통합하여 성장하게 하는 TOK 성찰적 탐구 활동의 본질이다.

참고문헌

강효선(2020). IB(International Baccalaureate) MYP(Middle Years Programme) 통합교육과정의 원리와 한국 교육과정에 주는 시사점. 제주대학교 박사학위 논문.

박영주, 박진희(2023). 프로젝트 학습에서의 대학생 경험에 대한 관찰 연구. 교양교육연구, 17(1), 227-243.

Bushe, G., & Gibbs, B. (1990). Predicting organization development consulting competence from the Myers-Briggs Type Indicator and stage of ego development. *Journal of Applied Behavioral Science, 26*, 505-538.

Clark, H. H. (1996). *Using Language.* Cambridge University Press.

Connell, L., & Lynott, D. (2014). Principles of representation: Why you can't represent the same concept twice. *Topics in Cognitive Science, 6*(3), 390-406.

Dewey, J. (1916). *Democracy and Education: An Introduction to the Philosophy of Education.* MacMillan Publishing.

Dewey, J. (1938). *Logic: The Theory of Inquiry.* Henry Holt.

diSessa, A. A., & Sherin, B. L. (1998). What changes in conceptual change? *International Journal of Science Education, 20*(10), 1155-1191.

Erickson, H. L. (2008). *Stirring the Head, Heart, and Soul* (3rd ed.). Corwin Press.

Hattie, J., & Donoghue, G. (2016). Learning strategies: A synthesis and conceptual model. *Science of Learning, 1*(16013), 1-13.

Hauk, O., & Tschentscher, N. (2013). The body of evidence: What can neuroscience tell us about embodied semantics? *Frontiers in*

Psychology, 4(50), 1−14.

Henly, C. P., & Sprague, J. (2020). *Theory of Knowledge for the IB Diploma Programme* (4th ed.). Hodder Education.

Heydorn, W., Jesudason, S., & van de Lagemaat, R. (2023). 지식론: IB 디플로마를 위한 코스 가이드. 강수희, 강원호, 김상운, 김정곤, 박영주, 박진희, 송동진, 이의용, 이호곤, 장형수 역. 사회평론아카데미. (원서 2020년 출판).

Hiebert, J., & Lefevre, P. (1987). Conceptual and procedural knowledge in mathematics: An introductory analysis. In J. Hiebert (Ed.), *Conceptual and Procedural Knowledge: The Case of Mathematics* (pp. 1−28). Lawrence Erlbaum Associates, Inc.

Hogg, M. A., & Reid, S. A. (2006). Social identity, self-sategorization, and the communication of group norms. *Communication Theory, 16*(1), 7−30.

IBO (2020). *Theory of Knowledge*. IBO.

Jensen, E., & Nickelsen, L. (2008). *Deeper Learning: 7 Powerful Strategies for In-Depth and Longer-Lasting Learning*. Hawker Brownlow Education Cheltenham.

Jurow, A. S. (2004). Generalizing in interaction: Middle school mathematics students making mathematical generalizations in a population modeling project. *Mind, Culture, and Activity, 11*(4), 279−300.

McPhail, G. (2020). The search for deep learning: A curriculum coherence model. *Journal of Curriculum Studies, 53*(4), 420−434.

Micallef, A., & Newton, P. M. (2022). The use of concrete examples enhances the learning of abstract concepts; A replication study. *Teaching of Psychology, 5*(1). https://doi.org/10.1177/00986283211058069

Murphy, G. L. (2002). *The big book of concepts*. MIT Press/Bradford.

Murphy, G. L. (2010). What are categories and concepts? In D. Mareschal, P. C. Quinn, & S. E. G. Lea (Eds.), *The Making of Human Concepts* (pp. 11-28). Oxford University Press. https://doi.org/10.1093/acprof:oso/9780199549221.003.02

Prawat, R. S. (1989). Promoting access to knowledge, strategy, and disposition in students: A research synthesis. *Review of Educational Research, 59*(1), 1-41.

Ritchie, J., Lewis, J., Nicholls, C. M., & Ormston, R. (2013). *Qualitative Research Practice: A Guide for Social Science Students and Researchers.* Sage Publications.

Seven, M. A. (2020). Motivation in language learning and teaching. *African Educational Research Journal Special Issue, 8*(2), 62-71.

Tofade, T., Elsner, J., & Haines, S. T. (2013). Best practice strategies for effective use of questions as a teaching tool. *American Journal of Pharmaceutical Education, 77*(7), 155, 1-9.

Wenger, E. (1998). *Communities of Practice Learning, Meaning, and Identity.* Cambridge University Press.

Zhang, S., Chen, J., Wen, Y., Chen, H., Gao, Q., & Wang, Q. (2021). Capturing regulatory patterns in online collaborative learning: A network analytic approach. *International Journal of Computer-Supported Collaborative Learning, 16*(1), 37-66.

제7장

심층학습을 위한 확장형 논술의 설계

IB DP의 EE 과정을 중심으로

1. 심층학습을 위한 확장형 논술의 설계

2022 개정 교육과정에 따르면, 사회 변화의 배경 속에 학습자에게 요구되는 역량이 변화함에 따라 그 일환으로 깊이 있는 학습의 필요성 및 그에 걸맞은 수행 평가 및 서·논술형 평가의 확대가 주목받고 있다. 깊이 있는 학습은 2022 개정 교육과정에서는 핵심 아이디어를 통한 학습으로 구현되고 있으며, 그에 대한 평가는 지식의 정오를 판단하고 보유 여부에 주목하는 선다형 평가가 아닌 새로운 형태의 평가를 요구한다. 이러한 배경에서 최근 주목받는 평가의 한 형태가 논술형 평가이다.

논술형 평가는 6차 교육과정에서 서술형 평가의 도입을 시작으로, 2009 교육과정, 2015 교육과정을 통해 지속적으로 그 중요성이 강조되어 왔으며, 2022 개정 교육과정에서 그 중요성은 더욱 부각되고 있다. 특히나 수능에의 서·논술형 평가 문항 도입 이슈를 비롯해 정성적 평가 체제에 대한 요구들은 논술형 평가의 안착을 위해 어떻게 나아가야 하는지에 대한 고민을 촉발시킨다.

이에 각 시·도교육청을 비롯해 연구기관들에서는 논술형 평가

길라잡이를 비롯해 정성적 평가 사례들에 대한 연구를 실시하고 있지만 서·논술형 평가는 여전히 평가의 공정성이라는 난관에 부딪혀 있어 논술형 평가를 도입한다는 문제는 어려움을 안고 있다. 이로 인해 점진적인 도입의 방향으로 제한형 논술 등이 제안되기도 하였으나 그 평가는 논술문의 질보다는 뒷받침하는 논거의 개수나 오탈자 등의 계량화 가능한 지점들로 초점화되어 있다는 데서 기존 평가와 다르다고 볼 수 있는지에 대한 고민을 요구한다.

교수학습과 평가는 하나의 과정에서 같이 고려되어야 하는 것이다. 평가의 요소가 심층적 탐구를 필요로 하지 않는 경우 학습자들에게 탐구를 해야 하는 동기는 불러일으키기 쉽지 않은 만큼 심층탐구를 유도하는 맥락의 설계는 중요한 논의로 부상하고 있다. 세계적인 동향 역시 깊이 있는 학습이란 최근 대두되는 개념기반 학습과도 밀접한 연관이 있다는 데서 이를 풀어내는 시험은 학습자에게 개념을 묻는 평가가 아니라 개념에 대한 가치와 태도를 묻는 방향으로 나아가야 한다고 접근한다. 즉, 지식과 기능, 태도 및 가치를 하나의 교육과정에서 다루어야 한다는 것이다.

IB에서는 서·논술형 평가가 평가의 상당한 비중을 차지한다. 이에 이 장에서는 IB 프로그램 중 가장 논술형 과제의 성격을 많이 갖는 IB DP의 소논문(Extended Essay: EE) 작성 과정을 살펴보고자 한다. EE는 개별 학생의 관심 주제를 바탕으로 한다는 데서, 매우 개별적일 수 있는 과정임에도 불구하고 DP 과정의 중핵교육과정으로 배치되어 디플로마 수여에 매우 중요한 영향을 미치고 있다. 이것은 IB에서 EE에 대한 평가가 공정성 및 입시 문제에서부터 상당 부분 보완되어 있음을 방증하는 것이다. 특히 외부 평가자에 의한 평가가 이루어지는 EE의 특성에도 불구하고, 이것이 중핵적 지위를 유지하고 있다는 것은 논술형 평가의 공정성 문제를 들여다보는 중요한 사례가 될 것이라는 기대를 안긴다.

물론 IB 프로그램의 경우 익히 알려진 IB의 평가 조정제도가 있긴 하지만, 평가 조정제도만으로 논술형 과제가 갖는 타당성과 신뢰성을 확보할 수는 없으며 평가 조정제도가 작동 가능한 배경으로서의 과제 맥락이 설계되었다는 지점 역시 간과할 수 없다. 또한 평가 조정제도의 작용이 반드시 깊이 있는 학습과의 연관성이 있다고 보기 어렵기 때문에 평가 조정 체제를 주장하기 앞서 어떠한 평가 설계의 맥락이 동반되었을 때 학습자의 깊이 있는 학습을 유도할 수 있는지의 조건을 탐색해 볼 필요가 있다.

2. IB EE 활동의 설계

EE 활동은 DP에서 소개하는 6개 교과군 가운데, 한 가지 교과를 선택하여 이에 대한 구체적 학술적 질문을 수립하고 설명해 가는 과정이다. 이때 선택하는 교과목은 학습자가 자신이 배우지 않은 교과여도 무관하지만 가급적 학습자가 배운 교과목 중 하나를 기초로 학술 소논문을 작성할 것을 권장한다. 이때 EE의 작성 분량은 영문 기준 약 4,000자에 해당하며 40시간 정도 소요된다.

학습자는 자신이 작성하는 주제에 맞추어 지도교사의 도움을 받을 수 있다. 다만, 지도교사의 역할은 조언자이며 지도교사는 직접 학습자의 소논문을 수정해서는 안 된다.

EE의 평가는 디플로마 2년 차에 외부평가 방식으로 진행된다. 이것은 학습자의 성찰일지와 함께 마지막에 제출된다. EE의 총점은 34점으로, 외부평가자에 의해 평가되나 소논문 제출 시 지도교사는 이에 대한 예상점수를 제출해야 한다. 평가 이후에는 최종적으로 IB TOK와 함께 디플로마 45점 가운데, 3점 만점으로 환산되어 최종 점수에 반영된다.

이하에서는 EE가 어떻게 학습자 심층탐구를 유도하고 있는지 그 설계의 맥락을 정리해 보고자 하였다. EE는 확장형 논술과제로서, 자신의 탐구 질문을 길게 그리고 논리적으로 설명해야 한다. 다만, 이때 과정에 대한 설계가 어떻게 이루어지는지는 EE의 작성 과정이 막연한 글짓기 시간이 되도록 할 것인지, 아니면 40여 시간에 걸친 주제 탐구의 시간이 되도록 할 것인지를 결정짓는 중요한 부분이다. 앞서 살펴본 바에 의하면 학습자의 탐구는 성찰적 사고의 작동을 통한 자기 수정과 메타적 학습 경험을 하는 데서 일어난다는 것을 알 수 있었다. 이하에서는 EE의 학습 설계를 살펴봄으로써 학습자 심층학습을 지원하는 확장형 논술의 한 예를 들여다보고자 한다.

1) 탐구 질문의 선정: 메타인지적 사고를 요하는
　　탐구 과제의 구성

〈표 7-1〉 EE 연구 질문 상정 시 고려사항

> 연구 질문을 만드는 다섯 단계
>
> • 관심 과목 및 주제를 선정한다.
> • 문헌을 읽고 예비 지식을 쌓아 놓는다.
> • 떠오르는 질문을 생각해 본다.
> • 질문을 평가한다(명확성/분명한 초점/논의의 여지).
> • 연구 결과를 고려한다.

출처: IBO (2022), pp. 54-55.

　EE 활동은 학습자가 궁금해하는 질문에 대해 오롯이 탐구할 수 있는 시간이다. 본 과제에 소요되는 시간은 약 40시간 정도로, 학습자는 자신이 설정한 학문적 탐구 주제에 대해 논거를 들어 답해야 한다. EE는 학습자가 직접 질문을 선정하고 그에 대한 답변을 전개해 나간다는 데서 학습 시작 당시부터 학습자의 참여 여지를 열어 두고 있다. 특히 EE의 경우, 학습자가 자신이 가장 탐구하고 싶은 과목을 설정해야 하며 선택한 과목에서도 어떤 주제를 집중적으로 해결할 수 있을 것인가까지 고민을 요하는데, 이로 인해 질문의 설정 단계부터 자기를 성찰하도록 유도한다.

　사실상 탐구 질문을 상정한다는 것은 학습자가 전체 구조를 짜고 진행한다는 것과도 동일하다. 문제를 상정한다는 것은 어렴풋이나마 그 해결 방안을 알고 있다는 것이기도 하기 때문이다. 질문에 대한 잠정적인 답변을 고려해 보지 않은 상태에서는 연구를 진행할 수 없다. 따라서 학습자는 머릿속에서 많은 에세이 시뮬레이션을 경험하게 된다. 즉, 탐구 질문을 상정하는 것은 시간상으로는 처음에 진행되는 과정처럼 보이지만, 외려 연구의 답안까지 예측하고 있어야 하는 경험이다.

IB에서 요구하는 탐구의 질문은 명확하고 초점이 있는 질문이어야 한다. 이것은 IB EE 평가 기준 전반에 반영될 만큼 중요성을 띠고 있는 것으로 학습자는 막연한 흥미나 관심사를 넘어 충분히 구체적인 탐구를 진행해 보여야 한다.

〈표 7-2〉 탐구 질문 예시

불분명하고 초점이 맞지 않으며 논의의 여지가 없는 연구 문제	분명하고 초점이 확실하며 심층 연구에 도움을 주는 좁은 연구 문제
Lenin에 대한 Ho Chi Minh의 충성은 어떠한 결과를 낳았는가?	1920년 Ho Chi Minh이 레닌주의 (Leninism)를 채택하도록 만든 요소 중 민족주의는 어느 정도 영향을 미쳤는가?

출처: IBO (2022), p. 55.

〈표 7-2〉는 EE 탐구 질문의 예시를 보여 준다. IB에서 제시하는 탐구 질문의 특징을 살펴보면, '얼마나 중요한가' '어떻게 되었는가'처럼 질문이 모호하게 끝나지 않고 분명한 두 관계를 설정해그 관계성을 되짚어 보도록 하는 특징을 보인다. 예컨대, Ho Chi Minh이 레닌주의를 택하게 된 배경과 민족주의에 대해 알고 있지

않으면 잠정적인 연관성을 도출해 탐구 질문화하기 쉽지 않다. 주제를 좁혀 나가기 위해서는 그만큼 두 가지 개념에 대한 이해가 있어야 한다. 따라서 일반화되어 있지 않은 원리를 주제로 삼되, 탐구 질문화하기 위해서는 두 개념을 잇기 위한 공통 원리가 무엇인지를 학습자가 알고 있어야 한다.

결국 EE를 작성해 간다는 것은 점진적으로 학습자가 자신이 생각한 바를 구체화시키기 위해 적절한 근거를 찾아 자신의 문제에 맞게 배치하고, 탐구 질문을 기준으로 내용상의 일관성을 유지하고 있는지를 거듭 점검해 가는 과정이다.

앞서 제4장에서 살펴본 바와 같이 EE의 각 기준들은 논지를 전개하기 위한 적절성을 두고 상호 연관되어 있기 때문에 각각을 별개로 생각할 수 없다. 평가 기준 A, B는 평가 기준 C와 준거는 다르나 상호 연결된 특징을 볼 수 있다. 특히 평가 기준 C에 해당하는 비판적 사고력의 경우, 앞선 연구 이해도를 기반으로 한 비판적 사고력을 본다는 점에서 연구 질문의 초점이 지나치게 광범위할 경우 고득점을 하기 어렵다. 이로 인해 탐구 질문의 설정은 시간상으로는 시작 단계에 해당하지만 실상 논리적 단계 전반을 내다보고 와야 한다는 점에서 가히 메타적 학습 경험을 요한다고 할 수 있다.

2) 성찰 활동의 설계: 메타적 학습 경험의 지원

IB 학습자들이 총괄평가에서 논술형 과제를 주로 경험하긴 하지만 40시간에 걸친 에세이를 작성하는 것은 아니다. 장기간의 탐구는 자신이 원하는 연구 결과에 도달하기까지 만족을 보류하는 지력을 요구하는 경험이다. EE는 그 과정의 일환으로 자신이 세운 질문에 대한 모호함을 견뎌 나가며 불확실성을 점차 줄여 나가는 경험이다.

또한 EE 학습자는 제한된 분량 안에 자신이 주장하고자 하는 바를 효과적으로 뒷받침할 수 있어야 한다. 예컨대, 표, 차트, 그림의 사용은 독자의 이해를 도와야 하고, 표에 붙이는 레이블은 표 이해를 돕기 위해 명확한 주제를 바탕으로 작성해야 한다. 이처럼 소논문에 사용되는 보조자료들은 학습자의 논지를 심층시키는 경험이지만 결국 자신의 탐구 질문과 독자를 거듭 오가며 최선을 찾아가야 하는 것이기도 하다.

이러한 탐구 과정을 지원하는 과정 중 하나가 성찰 세션으로, EE에서 성찰 세션은 공식적으로 3회에 걸쳐 하도록 되어 있다. 이것을 공식 성찰 세션이라고 하며, 체크인 세션은 수시로 진행될 수 있는 간단한 질의응답 과정을 말한다. 성찰 세션은 3회 실시되어야 하는 의무 활동으로 이를 세션별로 작성한 것이 '연구 성찰일지(researcher's reflection space)'와 '계획 및 진도 성찰 양식 (reflection on planning and progress form)'이다.

EE는 예외적으로 평가 항목에 '참여'라는 기준이 포함되어 있다. 그러나 여기서 참여는 문헌 인용 횟수 등과 같은 정량적 항목이라기보다는 소논문 작성을 위한 고민의 흔적을 보고자 하는 정성적 시도에 가깝다. 연구 성찰일지는 매 성찰이 끝난 이후에 쓰는데, 학습자는 여기서 단순한 느낀 점이 아니라 성찰을 통해 알게 된 소논문의 질적 향상을 위한 고려사항에 대해 반성하고 작성해야 한다.

학습자의 학습 과정을 지원하고 피드백하는 평가를 형성평가라고 한다면, 성찰 세션과 학습자가 작성하는 성찰일지(reflections on planning and progress form)는 형성평가에 해당하며, 최종적으로 제출하는 에세이는 총괄평가로 분류해 볼 수 있다. 계획 및 진도 성찰 양식은 학습자가 소논문을 작성하면서 함께 제출하는 것으로, 소논문 작성 과정에서 진행되는 총 세 번의 성찰 세션 동안 자신의 성찰 경험에 대해 500자 내외의 짧은 글로 작성하는 것이다. 학습자가 성찰일지를 제출하면 교사는 이에 대한 최종 의견을 달고 평가 시점에 IB 본부에 제출한다.

학습자의 참여를 본다는 것은 EE의 목적과 취지를 고려했을 때 활동(action)과는 구분되어야 한다. 소논문에의 참여는 단순히 '열심히' 작성한 학생에게 높은 점수를 주는 것이 아니라 학습의 과정을 '적절하게' 따라오고자 했던 학생들에게 고득점이 부여된다. 실제로 EE의 성찰 세션이 각 세션별로 소논문에서 놓쳐서는 안 되는 정보들, 과정들을 확인하도록 권장하고 매뉴얼화하고 있으므로, 이 과정에 열심히 참여하고 자신의 소논문을 비판적으로 고찰해 본다는 것은 곧 내용적 완성도와도 분리될 수 없다. 성찰 세션은 총 3회로 구성되는데, 각각에서 다루어지는 내용을 정리하면 〈표 7-3〉과 같다.

〈표 7-3〉 공식 성찰 세션별 탐구 질문

구분	내용	비고
최초	1. 과목의 요구 사항과 평가 기준 검토 2. 윤리적 및 법적 관련 사항 검토가 필요한 경우 검토 3. 가능한 접근법과 일어날 수 있는 잠재적인 문제들에 대한 대화 4. 소논문의 틀을 잡을 수 있도록 소논문과 관련된 학생의 아이디어를 개발하고 연구 주제를 확장하기 위한 전략 논의 (중략)	최초 성찰 세션 진행 전 지도교사 지정 권장
중간	1. 학생이 제시한 완성된 일부분에 대하여 목적이나 참고문헌 표기법을 비롯하여 학문적 글쓰기의 기본 요건을 학생이 이해하고 있는지 확인 2. 적절하고 다양한 자료가 사용되었는지, 그리고 학생이 자료의 출처를 비판적으로 평가하고 있는지를 논의 3. 소논문의 초안을 완성하기 위해 학생이 해야 하는 것과 과제를 관리 가능한 단계로 나누는 방법 및 수단을 논의	소논문 초안에 대한 의견 제시 (직접 수정 ×)
최종 (viva voice)	1. '네' 또는 '아니요'로 대답하기 어려운 개방형 질문을 통해서 학생의 학습 경험에 대한 포괄적인 증거를 확인하는 기회를 제공 2. 지도교사가 학생의 아이디어와 자료의 진위성을 확인 3. 연구 과정 중 이룬 성공과 직면했던 어려운 경험을 성찰 (후략)	소논문 수정 불가

출처: IBO (2022), pp. 40-46에서 재구성.

성찰 세션에서 학습자는 과제 전반을 되돌아보면서 추후 연구 계획 및 연구 발전을 위한 수정사항들을 배울 수 있다. 즉, 성찰일지를 작성하는 것만으로 성찰이 유도되는 것이 아니라 성찰의 내용을 자기 언어로 다시 진술해 보는 과정을 통해 성찰이 이루어지는 것이다. 성찰 세션은 소논문의 완성도를 묻는 질문에 대한 것인 만큼 과제의 완성도를 높여 나가는 데 도움을 준다.

또한 교사와의 면담 과정은 학습자와의 과제에 대한 공유가 되어 학생이 제출한 과제의 진위성과 소논문의 미비점, 잘된 점에 대해서도 논의하며 소논문을 객관적 시선에서 바라보도록 유도한다. 이것은 학습자가 간주관성을 수립해 평가에의 타당도와 신뢰도를 높이는 과정이 될 수도 있다.

3) 통합경험의 설계: 학습자에서 연구자로의 경험

DP의 중핵교육과정은 학문 중심 교육과정을 운영하는 DP 교육과정에서 학습자의 통합적 경험을 유도하고, 학습자 관심사를 전면적으로 드러낼 수 있는 대표적인 영역이다. 교과 영역이 상대적으로 엄격한 내용적 규정과 평가 규정을 가지고 있다면, 중핵교육과정은 이에 반해 학습자의 개성을 드러내기에 보다 적합하게 학습자의 구성성이 높이 보장되는 편이다. CAS는 경험학습을 통해 자기 관심사를 실제로 구현해 보고, TOK는 자신이 당연시 여기던 것들에 대한 재고찰을 하는 시간이라면 EE는 고등교육으로의 진학을 앞둔 학습자들이 학술적 에세이 작성 경험을 통해 고등

교육에 발을 내딛는 과정과도 같다. 소논문 작성 과정은 고등교육과의 연계가 직접적이라는 데서 진로와도 밀접히 연계된다. 학습자는 EE를 통해 자신이 관심을 갖는 학문 영역을 비롯해 해당 영역에서의 세부적인 탐구 질문을 이끌어 가게 된다. 소논문 지도 과정에서 교과별 지도교사가 배정되는 이유 역시 본 과정이 학술 내용에 대한 심충적 이해를 요하기 때문이다.[1]

　소논문 전개에 앞서 학습자들은 자신이 작성하는 탐구 논문의 목적을 분명히 해야 하며, 독자의 궁금증을 채워 줄 수 있는지 역지사지의 입장에서 되돌아보아야 한다. 글쓰기 과정은 글쓴이와 읽는 이의 의사소통이 서로 다른 시간대에 발생하기 때문이다.

　마찬가지로 학습자들은 소논문 구조에 맞추어 글을 쓰고 인용해 보는 과정에서 해당 학술공동체의 의견을 파악하고 탐색할 필요가 있다. 따라서 소논문 작성 과정은 학술공동체의 실천에 참여해 가는 과정이기도 하다. EE에서 학문적 정직성에 어긋나는 과제는 평가의 대상으로 삼지 않는다는 것은 IB가 연구에의 지적 공헌도를 매우 높게 판단하는 것임을 알 수 있는 지점이다. 그리고 이것은 학습자에게 연구자로서의 기본 자세에 대해 체득하도

---

1 단, 교사는 학습자의 소논문을 직접적으로 교정할 수 없다. 지도교사는 학습자가 답을 찾아갈 수 있도록 지도하는 역할을 수행하며 직접 교정하거나 제시해서는 안 된다. 교사는 참고문헌 작성요령 및 학문적 정직성에 대해 거듭 일깨워 주어야 하며, 학습자의 소논문 진행상황을 바라보면서 질문 변경이 필요하다고 판단될 때에는 이를 제안하는 역할 또한 할 수 있어야 한다(IBO, 2022, pp. 45-46).

록 유도한다. 예컨대, IB에서는 소논문을 쓸 때 참고 및 인용하는 자료들이 어떻게 평가되고 선택되어야 하는지에 대해 가이드를 제시함으로써 학술 소논문 과정이 낯선 학생들에게 자료 선정에의 기준을 제공한다.

학습자는 자신의 생각을 형식적 엄격성이 높은 소논문 양식에 맞추어 구조화하는 과정에서 자기 논리의 재구조화를 요한다. 뿐만 아니라, 학습자의 생각은 타인들이 구축해 온 학술적 실천을 토대로 구축되어 간다는 점을 감안하면 이 과정은 학문에 대한 깊은 이해와 더불어 자료를 해석하여 자기 연구에 접목할 수 있을지를 냉정히 고려해 보는 리터러시를 요구하는 과정이라고도 할 수 있을 것이다.

〈표 7-4〉 소논문 평가 기준 개요

기준 A 초점 및 방법	기준 B 지식과 이해	기준 C 비판적 사고력	기준 D 형식	기준 E 참여
• 주제 • 연구 질문 • 방법론	• 문맥 • 과목과 관련된 용어 및 개념	• 연구 • 분석 • 논지의 전개 및 평가	• 구조 • 레이아웃	• 과정 • 연구초점
6점	6점	12점	4점	6점

출처: IBO (2022), p. 69.

3. 심층탐구를 유도하는 논술형 학습의 설계

이 장에서는 심층탐구형 과제의 일례로 IB EE, 소논문 작성 과정에 대해 살펴보았다. 심층학습은 흔히 심화학습의 의미와 혼돈되기도 한다. 심화학습이 난도 상의 문제를 말한다면, 이 장에서 살펴본 심층탐구는 학습자가 문제를 정의하고 주변의 자원 및 정보들을 활용해 문제를 해결해 나가는 것을 말한다.

심층탐구를 위해서는 몇 가지 조건을 고려해 볼 필요가 있는데, 먼저 본 단순 지식형 평가와는 거리가 멀다는 점이다. 지식형 평가는 학습자의 현 상태를 파악하는 데 도움이 되지만 평가의 역할 중 하나는 학습자의 미래 문제 해결력 향상을 위한 지원의 의미도 있다. 따라서 평가를 단순 확인 용도가 아닌, 피드백의 역할로 확장시켜 보았을 때 심층학습의 설계는 새로운 관점에서 조명될 필요가 있다.

예컨대, 심층학습을 위해서는 학습자가 충분히 탐구하고 시행착오를 겪을 수 있는 기회를 부여해야 한다. 대표적으로 탐구 시간을 길게 한 장기 프로젝트형을 고려해 볼 수 있는데, 장기간에 걸쳐 자신의 과제를 되돌아보고 갱신해 나가는 과정에서 심층학습으로서의 필요조건이라 할 수 있지만, 이때 교사의 역할 역시 중요하게 개입되어야 한다. 심층탐구는 자신의 관심사를 집중적으로 탐구할 수 있는 시간으로, 학습자가 자신의 맥락에서 연관을 가지고 전개해 나갈 수 있어야 한다. EE는 탐구형 소논문 과제이기는 하지만, 탐구 질문은 이미 두 개념 간의 관련성을 예측하고 진행되는 바, 자기 맥락 속에 일관성을 갖추고 있어야 한다.

그리고 이 과정에서 자신의 과제가 읽는 이의 입장에서 타당하게 느껴지는지 고려해 보아야 한다. EE는 자기 성찰에서부터 시작한 주제의 선택과 과정, 평가까지 이어지는 활동으로 일련의 과정에 주도적으로 참여함으로써 자기 관심사를 구체화해 나가는 경험을 유도한다.

확장형 논술은 단순히 막연한 글짓기가 아니라 학습자의 역량을 최대치로 동원할 수 있도록 설계해야 한다. 이러한 점에서 IB의 EE는 학습 과정부터 평가까지 설계된 좋은 예로 고려해 볼 수 있을 것이다.

참고문헌

교육부(2022). 초·중등학교 교육과정 총론(교육부 고시 제2022-33호[별책 1]).

김경희, 이명진(2021). 교수학습과 학생평가 개선을 위한 서·논술형 평가 지침 활용 및 피드백 효과 제고 방안. 교육과정평가연구, 24(3), 27-51.

김수미(2021). 중등 역사과 서·논술형 평가의 실시 현황과 교사의 인식. 역사교육연구, 41, 221-278.

손민호, 조현영, 이형빈, 서덕희(2020). 새로운 학력 평가지표 구성 및 평가 도구 개발 연구. 세종특별자치시교육청.

송슬기, 조현영(2023). 학습자 주도적 교과 외 활동의 설계 방향 탐색: IB CAS 교육과정 사례 분석을 중심으로. 아시아교육연구, 24(2), 269-292.

IBO (2022). 디플로마 프로그램 소논문 가이드. 대구광역시교육청, 제주특별자치도교육청 역. International Baccalaureate Organization (UK) Ltd. (원서 2022년 출판).

OECD (2023). *Embedding Values and Attitudes in Curriculum: Shaping a Better Future.*

Young, M. (1993). Instructional design for situated learning. *Educational Technology Research and Development, 41*(1), 43−58.

저자 소개

조현영(Hyunyoung Cho)

인하대학교 일반대학원 교육학 박사
현 인하대학교 교육학과 교수

최화영(Hwayoung Choi)

고려대학교 사범대학 국어교육과 학사
인하대학교 일반대학원 교육학 석박사 통합과정 중
현 노스런던컬리지에잇스쿨(NLCS) 제주 교사

송슬기(Seulgi Song)

인하대학교 일반대학원 교육학 박사
현 한국교육과정평가원 부연구위원(위촉)

박영주(Young-Ju Park)

인하대학교 일반대학원 교육학 박사, 문화경영학 박사
현 인하대학교 교육대학원 초빙교수, IBEC 센터 연구교수

김빛나(Bitna Kim)

인하대학교 일반대학원 교육학 박사
현 영성중학교 교사

IB로 그리는 개념기반 탐구학습
Concept-based Inquiry Practiced in IB Education

2024년 11월 5일 1판 1쇄 발행
2025년 1월 20일 1판 2쇄 발행

지은이 • 조현영 · 최화영 · 송슬기 · 박영주 · 김빛나
펴낸이 • 김진환
펴낸곳 • (주) **학지사**

　　　　　04031 서울특별시 마포구 양화로 15길 20 마인드월드빌딩 4층
대 표 전 화 • 02)330-5114　　팩스 • 02)324-2345
등 록 번 호 • 제313-2006-000265호

홈 페 이 지 • http://www.hakjisa.co.kr
인스타그램 • https://www.instagram.com/hakjisabook

ISBN 978-89-997-3271-3 93370

정가 16,000원

출판미디어기업 학지사
간호보건의학출판 **학지사메디컬** www.hakjisamd.co.kr
심리검사연구소 **인싸이트** www.inpsyt.co.kr
학술논문서비스 **뉴논문** www.newnonmun.com
교육연수원 **카운피아** www.counpia.com
대학교재전자책플랫폼 **캠퍼스북** www.campusbook.co.kr